습관은

스펙이다

이윤정 지음

습관은 시스템이다

발행일   2024년 12월 17일

지은이   이윤정
펴낸이   이윤정
펴낸곳   ㈜에이치엘원
출판등록   2024년 11월 8일 (제2024-000129호)
이메일   hlone.firebook@gmail.com

편집/제작   (주)북랩

ISBN   979-11-990140-7-7 (03190)
           979-11-990140-8-4 (05190)

힘들수록 돌아가는
P턴 습관 챌린지

습관은

시스템이다

이윤정 지음

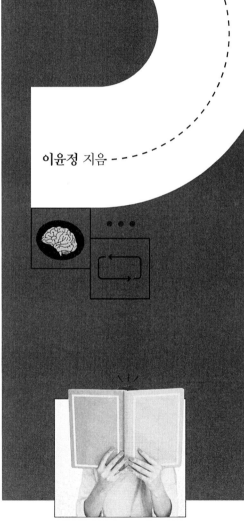

Planner
Paper Book
Project
Personal Habit
Partnership
Pump, Pause, and Play
Pin a platform
Postponement
Principle
Progress
Persona
Position
Perfect
Peace
Practice

HL1
에 가 지 랭 문

어떻게 그렇게 꾸준히 할 수 있나요?

이 책이 출간될 무렵이면 하루도 빠짐없이 하루 10분, 평단지기 독서한 지 2,800일이 지나겠군요. 8년째 유지하고 있는 독서 습관이 제 삶을 바꿔놓았죠.

학교 다닐 때 검정 볼펜을 처음으로 다 써본 적이 있습니다. 볼펜심을 사서 갈아낀다는 것만으로도 뿌듯했습니다. 그다음부터 파란색, 빨간색 볼펜심까지 갈아 끼울 정도로, 노트 필기를 좋아했습니다. 대학 수업 시간에도 노트 필기를 정성스럽게 했습니다. 한 학기가 끝날 무렵이면 노트 한 권을 다 채웠죠. 혼자 노트를 계속 넘겨 봤습니다. 20년이 지난 지금도 몇 권의 노트는 책장에 꽂혀 있습니다. 끝까지 해내는 사소한 태도는 여기서부터 시작한 듯합니다. 되돌아보니 볼펜 심하나, 노트 한 권 끝까지 써본 습관에서 꾸준함이라는 시스템에 이르렀습니다. 끝까지 지속하려면 물론 지겹고 포기하고 싶을 때도 많습니다. 인간의 본성이잖아요. 힘들수록 돌아가는 P턴 습관 챌린지 《습관은 시스템이다》는 당신도 꾸준한 습관 시스템을 통해 남다른 성공에 다다를 수 있도록 돕기 위한 책입니다.

직장 업무와 가정, 그리고 자기계발, 돈과 성공 사이에서 균형을 찾는 게 쉽지 않지요? 종종 '그만할까?' '힘들다.' '왜 이걸 하고 있지?'라는 생각이 들 때가 있습니다. 그런 당신에게 P턴 습관 챌린지 시스템을 알려 드릴게요. 여유로운 마음으로 받아들인다면, 당신도 꾸준한 사람이 될 수 있습니다.

"이 책 한번 읽어볼래?"

8년 전 남편이 책 한 권을 건네줬습니다. 남편이 읽으려고 샀지만, 출장 다니느라 읽을 시간이 없다며 저한테 볼 거냐고 묻더군요. 당시 저는 일 년에 소설책 한 권 정도 읽는 수준이었죠. 그 외 책에는 전혀 관심이 없던 사람이었는데요. '독서 해 볼까?' 하는 마음이 생겼습니다. 그 책은 펜실베이니아대학교 심리학과 교수 앤젤라 더크워스의 《그릿, Grit》입니다. 책 표지에 "당신에겐 '그릿'이 있는가?"라는 메시지가 있었습니다. 남편에게 '그릿'이 뭐냐고 물었더니, 읽어보면 알게 될 거라며 그냥 책만 건네주더군요. 처음 듣는 생소한 단어였습니다. 끝까지 읽었습니다.

《그릿, Grit》에는 성공한 사람들이 가진 특별한 점은 바로 열정과 결합한 끈기라고 설명합니다. 목적의식을 가지고 무언가 해내는 힘이 '그릿'이죠. 재능과 환경보다 '그릿'이 더 중요하다고 강조했습니다. 남편에게 책을 되돌려 주며 한마디 했죠. "난, 그릿이 있는 것 같은데?" 이 말을 내뱉은 이후, 지금까지 저는 꾸준한 사람이라고 보여주면서 살아가는 중입니다. 꾸준하게 하면 성공할 수 있다는 걸 뇌에 새겼죠. 이 책을 읽기 전까지는 '그릿'에 대해 생각해 본 적 없었거든요.

주변 지인들이 저에게 이렇게 물어봅니다. "어떻게 그렇게 꾸준히 할 수 있나요?" 여기에, 한마디 덧붙입니다. "저는 꾸준히 못 하는데…." 저와 주변 지인들의 차이점이 뭘까 곰곰이 생각해 봅니다. 아마도 '꾸준한 마음'을 대하는 생각 차이가 아닐지 하는 생각이 들더군요. 즉, 저는 '그릿'이 있다고 자신감 있는 말을 내뱉었으니, 꾸준한 사람임을 계속 증명하려고 노력합니다. 주변 사람들은 꾸준한 사람이 아니라는 말을 내뱉었습니다. 자신조차 꾸준하지 않다고 믿지 않으니, 뇌는 더 이상 자신이 꾸준한 사람일 필요가 없다고 생각하는 거죠. 꾸준히 하는 건 어렵다고 정의하고, 꾸준함에 대한 두려움을 키워갑니다. 끝까지 해본 적이 없어서 그런 거 아닐까요? 여러분도 지금 당장 꾸준해질 수 있습니다. 지금 이 책을 집어 들고 여기까지 읽었다면, 이 책을 읽기 전 가장 먼저 해야 할 일이 있습니다. 어렵지 않습니다. 3초면 됩니다. 해보시겠어요? 활기찬 목소리로 읽습니다. 주변에 가족이 있으면 더 좋지요. "나는 꾸준한 사람이야. 나는 꾸준한 사람이야. 나는 꾸준한 사람이야." 삼세번이니까요. 따라 하셨나요? 이제 당신의 자아 이미지가 당신을 꾸준하게 만들 겁니다. 구체적인 방법을 제가 알려 드릴게요. 뭘 하든 남과 다르게 성공에 다다르게 될 겁니다.

이 책의 모든 내용은 다산 정약용 선생님의 삶의 철학처럼, 실용적이고 바로 실행할 수 있는 방법들로 담으려고 노력했습니다. 《그릿, Grit》을 재독했습니다. 연구 결과 설명 부분은 앞 페이지로 다시 돌아가 읽는 과정을 몇 번 거쳤습니다. 대신 이 책은 유명한 해외 석학들의 연구 논문이나 보고서를 분석한 데이터가 들어있지 않습니다. 평범한 직장인에서 파이어족 작가로 겪어온 일상 속 저의 경험을 이야기로 풀어냈습니다. 쉽게 읽을 수 있지만, 꾸준함을 보여드릴 수 있는 책입니다. 제가 갖고 있는 '꾸준함, 끈기'로 독자를 돕는 책을 써보고 싶다는 마음이 책을 쓰도록 이끌어 주었습니다.

1장은 목표 따위 없는 인생으로 현재의 모습을 돌아봅니다. 디지털 세상 속에서 다른 사람들의 삶을 엿보다가 정작 나의 목표를 도둑맞을 때가 있습니다. 그러나 성공한 그들 역시 처음에는 우리와 같은 위치에 있었다는 걸 놓치지 않았으면 합니다. 지금 당장 목표가 없더라도 어떻게 변화할 수 있는지 살펴봅니다. 2장은 그냥 하는 거라는 말 뒤에 숨겨진 비밀이 있는 거 아니겠냐는 궁금증이 있는 우리에게 그냥 하는 것에 담긴 의미를 찾아봅니다. 3장 일단 시작하라는 뻔한 말이 성공에서 얼마나 중요한 요소인지 탐구합니다. '나는 꾸준한 사람이다'라는 믿음으로 시작하는 성공법칙에서 변화된 삶을 소개합니다. 4장 습관을 만드는 P턴 챌린지의 핵심이 담겨 있습니다. 4장에서 여러분의 습관을 시스템으로 만들어 줄 P턴 챌린지 열다섯 가지를 소개합니다. 5장 사소한 습관 시스템 설정법에서는 포기하고 싶을 때, 당신의 열정이 식으려고 할 때 기세와 뻔뻔함을 갖고 목표를 재발견하여 진짜 원하는 것, 하고 싶은 것을 찾을 때까지 가져가야 할 시스템 설정법을 담았습니다. 이런 사소한 P턴 습관들이 쌓이면, 여러분의 인생이 근본적으로 변화될 수 있을 겁니다.

P턴 챌린지로 습관을 당신의 맞춤형 시스템으로 만들어 나간다면, 당신도 주변 사람들에게 이런 말을 들을 겁니다. "어떻게 그렇게 꾸준히 할 수 있나요?" 이제 곧 P턴 챌린지가 시작됩니다. 그럼 시작해 볼까요?

2024년 11월

파이어북 라이팅 코치 이윤정

추천사

이윤정 작가의 《평단지기 독서법》과 건식이의 '좋은 식습관 만드는 방법'은 참 많이 닮았습니다. 두꺼운 책 언제 다 읽지? 막막해도 하루 10분씩 읽으면 짧게는 1주일, 길게는 한 달이면 완독이 가능합니다. 책 내용 모두 실천하려 하지 말고 책 한 권당 딱 하나의 실천할 점만 기록해 두고 습관화한다면 나의 인생은 점점 더 좋아집니다. 건강한 식습관도 마찬가지입니다. 언제 10kg을 빼지, 언제 건강해지는지 생각만 하지 말고, 한 달에 한 가지만이라도 좋은 식습관을 쌓아 나가면 나도 모르는 사이 내 몸이 건강해져 있거든요. 책 한 권당 실천할 점 한 가지씩 기록한 저자의 엑셀 파일을 본 적이 있습니다. 읽고, 쓰고, 실천하고, 습관화하는 삶을 직접 실천하는 사람이구나 느꼈습니다. 그런 의미에서 습관에 관한 이 책이 더 의미 깊게 느껴집니다.

- 건강한 식습관 네이버 푸드 인플루언서, 굿오쩡이

7년 전, 이윤정 작가님과의 인연은 제게 큰 축복이었습니다. 작가님이 되기 이전부터 알고 지냈기에, 저는 가까이에서 그녀의 꾸준함과 열정을 지켜볼 수 있었습니다. 그래서일까요? 제가 가장 많이 한 질문 중 하나는 "어떻게 그렇게 꾸준할 수 있나요?"였던 것 같습니다.

매달 한두 번씩 함께 시간을 보내며, 저는 윤정 언니로부터 '그릿'을 배우고 키워갈 수 있었습니다. 이는 제게 정말 큰 행운이었습니다. 특히 이번 책에서 이야기하는 'P턴 챌린지'는 이윤정 작가님만의 특별한 '그릿'의 노하우를 배우는 또 하나의 기회가 될 것이라는 기대감에 설레며 책장을 넘겼습니다.

우리 모두 그녀의 제안처럼 "일단 시작해 볼까요?"

그 여정이 분명 우리의 삶에 놀라운 변화를 가져다줄 것입니다.

- 골든티켓 멤버, 김선형

이윤정 작가는 조용한 불도저다. 8년 가까이 그를 알고 지냈고 5년간 매 달 독서모임을 함께하며 느낀 바다. 매번 생각만 하고, 시작만 하고 손을 놓아 버리는 사람들에게 꾸준함을 기르고 싶다면 이 책을 읽어 보라고 권하고 싶다. 꾸준함 DNA가 없더라도, 온갖 시행착오를 먼저 거쳐 꾸준함을 쌓아 올린 윤정 작가가 제시하는 팁과 단계들을 따라가 보면 어느새 당신도 말할 수 있을 것이다. 제 장점이요? 꾸준한 거요.

-《우리집 미술관》저자 김소은, 이촌화랑 대표

"우회전을 네 번 하면 되잖아"

아내를 태우고 운전했던 어느날, 좌회전 차선에 끼어들지 못한 적이 있습니다. 뻔히 네비게이션에 보이는 길인데 들어가지 못하자, 당황해서 툭 튀어나온 말이었습니다. 어차피 다음 사거리에서 우회전을 네 번 하면 원하던 목적지로 갈 수 있으니까요. 툭 던졌던 이 말이 아내에게는 상당히 감동적이었던 모양입니다. 가려던 길에서 한번 삐끗해도, 유연한 사고 전환과 여유로운 마음가짐으로 돌아가도 괜찮다는 교훈이었죠. 그런 기억이 잊혀 갈 때쯤 이윤정 작가님의 P턴 챌린지를 접하게 되었습니다.

사람들은 보통 성과를 내야 한다는 것에 크고 작은 두려움을 갖고 있습니다. 제가 경험한 성공은 모두 습관에서 비롯되었습니다. 그 크고 작은 성공했던 경험이 여러 번 반복되어, '성공도 습관'이라는 것을 비로소 깨우칠 수 있었습니다. 독자들도 《습관은 시스템이다》에서 이러한 진리를 발견할 수 있습니다. 언제나 일상처럼, '어떻게 저렇게 꾸준할 수 있을까' 존경스러운 마음이 드는 작가님의 좋은 습관을, 여러분도 배워보시기를 바랍니다.

- 《제로부터 차근차근 시작하는 월급쟁이 부의 3단계》 저자, 디디에셋

활력 넘치면서도 분주하지 않은 사람. 많은 일을 해내면서도 고요한 사람. 드러내지 않는데도 빛나는 사람. 그런 사람이 되기를 꿈꿔왔다. 독하게 몰입해보기도 하고, 완전히 내려놓고 쉬어보기도 했지만,

그 어느 쪽도 나답지는 않았다. 그 결과, 꽤 오랜 시간 갈피를 잡지 못하고 부유하듯 살았음을 고백한다.

그랬던 내게 역동성과 평온함이 한 사람 안에 조화롭게 공존할 수 있음을 몸소 보여준 사람이 바로 저자였다. 그녀의 글을 읽으며 시스템이란 거창한 계획이나 특별한 능력이 아니라, 작은 물방울들이 모여 이룬 시냇물 같은 것이라는 사실을 다시금 깨우쳤다. 나로 살아가는 여정은 늘상 고독하기 마련인데, 책을 읽는 내내 외롭지 않을 수 있어 좋았다. 감사하다.

- 사유 크리에이터, 이혜로움

꾸준하게 하는 사람은 많지 않습니다. 8년째 독서 중인 꾸준함의 대명사, 올봄에 만난 그녀는 단단한 꾸준함을 가진 사람이었습니다. 저도 3000일 넘게 운동을 해오고 있습니다. 꾸준함은 반드시 인생을 바꿔줍니다.

자기계발은 해 보고 싶은데 어디서부터 해야 할지 모르겠는 분들, 꾸준한 습관 시스템을 통해 성과를 내고 싶으신 분들께 이 책을 추천드립니다. P턴 챌린지를 통해 꾸준한 습관을 자신의 것으로 만들어보시기 바랍니다.

- 《오늘의 나를 뛰어넘는 7가지 기술 라이프 위너》 저자, 해원칭

많은 사람이 원하는 습관이지만 대부분 갖지 못하는 게 바로 꾸준함입니다. 그리고 저자만큼 꾸준함을 갖고 자기가 좋아하는 일에 시간을 투입하는 사람은 거의 찾아보지 못했습니다.

이렇게 몸소 꾸준함을 실천하고 있는 저자가 실제로 경험한 성공과 실패의 노하우를 모아 완성한 좋은 습관을 만들어가는 방법이 담긴 책이네요. 아마 꾸준하게 자기만의 좋은 습관을 만들어 나가길 원하는 독자들에게 충분히 가치있는 시간이 될 것이라고 생각합니다.

- 《초보 투자자를 위한 14일 부동산 수업》 저자, 행오팅

해마다 1월이면 그동안 미뤄두었던 목표를 차례로 다이어리에 써내려간다. 책도 읽고, 다이어트도 하고, 외국어 공부며 재테크까지. 제대로 한번 해볼 생각에 부푼 마음으로 계획을 세운다. 그러나 시작과 동시에 끝을 맞이하는 우리네 목표는 매년 도돌이표처럼 1월로 다시 돌아올 뿐이다. 이 책은 나 같은 사람을 위해 어떻게 끝까지 할 수 있는지 알려주는 끈기 비법서이다. 시작했다 하면 10년은 하고 보는 저자의 노하우를 훔쳐보지 않을 수 없다.

- 《사교육 대신 돈 교육하는 엄마의 자본주의 키즈 이야기》 저자 황혜민

차례

제3장 일단 시작하라는 말

제4장 습관을 만드는 P턴 챌린지

제5장 사소한 습관 시스템 설정법

제1장

목표 따위 없는 인생

1
이불 속 사람 구경

오늘도 두 개의 세상을 삽니다. 하나는 오프라인 세상, 또 하나는 온라인 디지털 세상입니다.

스마트폰을 집어 듭니다. 오른손 엄지손가락을 스마트폰 지문 인식기에 등록해 두었거든요. 스마트폰을 들자마자 바로 화면이 켜지죠. 스마트폰 첫 화면 카카오톡 바로가기 버튼을 누릅니다. 카카오톡이 실행되면, 아래쪽 '오픈채팅' 아이콘 옆 빨간색 말풍선에 480이라는 숫자가 보입니다. 확인하지 않은 메시지 숫자예요. 왼쪽 '채팅' 아이콘에는 빨간색 숫자가 없습니다. '오픈채팅' 아이콘을 누릅니다. 즐겨찾기와 상위에 고정한 둔 카톡방을 눌러봅니다. 어떤 대화가 오고 갔을까요? 아래쪽에 있는 카톡방을 보니, 안 읽은 메시지 22개, 114+, 300+ 주르륵 나옵니다. 두 손으로 스마트폰을 잡고 검지로 채팅방 하나 클릭. 제대로 읽지도 않고 오른쪽 스크롤만 아래로 주욱 내려 봅니다. 숫자 22가 사라집니다. 다른 방도 똑같이 창을 열었다가 오른쪽 검지로 빠르게 밀어 올려요. 이번엔 300이란 숫자도 사라지죠. 카카오 채팅방을 나갈까도 생각도 들었지만, 혹시라도 다음에 필요한 정보를 찾아봐야 하니 그냥 있기로 합니다.

오랜만에 '잠실동 사람들' 방을 눌러봤어요. 잠실 관련 정보 교류를 위해 만들어진 채팅방이죠. 잠실에 거주하는 사람들이지만, 잠실에 거주하고 싶은 사람, 잠실이 궁금한 사람들이 모두 모여 있습니다. 2024년 11월 기준으로 1,253여 명. 그곳에서 저는 유령회원입니다. 대화에 참여하지 않거든요. 잠실역에 24시 프린트카페가 생겼다는 소식부터 만나 분식점에 대기가 다섯 시간이라는 이야기, 로봇 청소기 로보락이 어떻다는 이야기, 요즘 '엘리트아파트 거래 분위기는 어떤지, 인테리어 잘하는 곳을 추천해 달라고도 합니다. 인테리어 후 집을 자랑하기도 하며, 피부과는 어디가 좋고, 초등학생 학원은 어디로 보내고, 서울대학교에 몇 명이나 입학했는지 등 세상의 모든 대화가 오고 갑니다. 이런 사람도 있구나, 저런 사람도 있다며 혼자 중얼거립니다. 정아은 작가의 《잠실동 사람들》에서 잠실동 사람들의 숨은 욕망도 구경할 수 있었습니다.

퇴사하고 나서부터 매일 오프라인에서 만나는 사람이 줄었습니다. 대신 온라인 디지털 세상에서 나와 다른 사람들을 만나는 기회는 늘었죠. 다른 세상에 살고 있는 사람들과 직접적으로 대화하는 건 아니어서, 상대방은 제가 누군지 모를 수 있습니다. 하지만 저는 그들을 한 명씩 알아갑니다. 아! 어떤 채팅방에는 가입하고, 대화 없거나 메시지

조차 확인 안 한 지 오래되어, '내보내기' 된 곳도 있습니다. 대화를 더 이상 엿볼 수 없었죠.

코로나 이후 오프라인보다 온라인 세상이 더 활발해졌습니다. 책을 출간한 작가들이 온라인 세상에 여는 특강도 많아졌고요. 예전에는 오프라인에서만 하는 경우가 많았죠. 코로나 이후 집에서 편하게 온라인 저자특강을 들을 수 있는 행운도 챙깁니다. 잘 모르는 저자여도 북토크를 신청하고 저자의 출간 스토리를 듣고 작가에게 빠져 책을 구매할 때도 있습니다. 인플루언서의 유튜브나 인스타그램, 줌 등으로 라이브로 만나 볼 수 있고, 편집본으로도 언제든지 볼 수 있었어요. 때로는 해외에 있는 사람들과도 SNS로 소통하는 것도 쉬워졌습니다. 한 번은 《타이탄의 도구들》 저자 팀 페리스가 한국에 왔다며 갈 만한 곳을 소개해 달라는 인스타그램 피드를 봤습니다. 용기를 내어 잠실에 있는 롯데타워와 잠실 교보문고에도 들러보라고 사심 가득한 댓글을 남긴 적이 있었습니다. 물론 팀 페리스는 응답이 없었지만요. 온라인 속 세상은 이제 하나입니다.

2023년 9월의 어느 날, 교보문고로 산책하러 갔습니다. 베스트셀러 코너로 갔더니 경제경영 분야 1위에 1%라는 단어가 눈에 들어와서 책을 집어 들었습니다. 《1%를 읽는 힘》, 메르. '누구지?' 궁금해서 저자 소개란을 펼쳐봅니다. 필명입니다. 작가 정보에는 '국내 최고의 자본시장 분석가이자, 경제 주식 분야 파워 인플루언서로 타의 추종을 불허하는 독보적인 시각을 제시한다. (중략) 이러한 이력에 기대지 않고, 매일 0시 10분, 하루에 하나씩 필명으로 올리는 글만으로 1년여 만에 10만 명 이상의 구독자를 보유한 블로그로 만들었고, 새로운 글을 올릴 때마다 최다 조회수를 경신하고 있다.' 블로그 주소도 나와 있었죠. '1년 만에 10만 명이라고? 난 블로그 운영한 지 5년째인데, 아직 이웃 수가 천 명도 안 됐는데? 도대체 누구지?' 하는 생각이 듭니다. 스마트폰을 주머니에서 꺼냅니다. 네이버 검색창에 '메르'를 검색했죠. 네이버 블로그가 바로 뜹니다. 정말 십만 명입니다. 더 당황스러웠던 사건은요, 이미 '메르'라는 작가가 저의 블로그 이웃이었다는 거였습니다. 하지만 이웃 '메르'님의 글은 한 번도 읽어본 적이 없었죠. 언제, 어디서, 왜 추가했는지 기억조차 나지 않았습니다. 일단 블로그 카테고리를 살펴보니 '경제/주식/국제정세/사회'와 '건강/의학', 그리고 '주절주절' 끝입니다. 블로그 소개 글에는 '다른 시각으로 세상을 정리해 봅니다.'가 전부. 블로그 프로필은 네덜란드의 'Guada tulip bulbs' 그래프입니다. 최신 글을 하나 클릭했죠. "아니, 이 사람 누구야?" 블로그 제목은 '남중국해 분쟁 근황, 땅 보는 법, 사무라이 본드 근황, 일본이 미국 국채를 사지 않는 이유, 레미콘 가격 상승의 의미, 유가 근황, 코스트코 가격의 비밀'이라는 제목입니다. 글 한 편 읽는 데 5분 이상 걸렸습니다. 처음 보는 내용이 많았습니다. 오프라인에서는 직접 만나기 어려운 사람이죠. 책을 바로 주문했습니다. 챕터 하나를 읽고, 블로그에서 해당 키워드를 검색합니다. 관련 글이 몇 개 보이네요. 하나씩 읽어보니, "와!" 소리가 절로 나오네요. 초보자가 혼자 공부해서는 알아보기 힘든 정보를 종합해서 의식의 흐름대로 글을 남겨둔 것처럼. 물론 읽어도 100% 이해할 수 없는 내용이 많았습니다. 낯선 내용입니다. 마지막에 남겨진 '한 줄 코멘트' 덕분에 조금씩 경제 정보를 배우기 시작했습니다. 메르의 블로그는 2023년 올해의 블로그 비즈니스/교육 분야로 선정되었으며, 2024년 11월 기준 블로그 이웃 20만 명을 돌파했습니다.

오늘 하루 동안, 온라인에서 당신은 어떤 전문가의 글과 영상, 음악을 보고, 들었나요? 온라인 세상에는 정말 다양한 사람이 많습니다. 먹방, 요리, 청소, 살림, 육아, 맛집, 여행, 웃음, 유머, 자기계발, 동기부여, 독서, 경제, 주식, 부동산, 과학, 의학, 예술 분야 등 전문가라고 하는 사람이 너무 많죠. 온라인 속 사람들만 구경해도 하루 해가 금방 저물 정도입니다. 나보다 나를 더 잘 아는 인공지능 덕분에 내가 좋아할 만한 글, 음악, 영상을 자동으로 추천해 주니, 나 자신은 의식하지 못할 정도로, 엄지나 검지가 '다음'을 클릭하고 있습니다. 밥을 먹을 때도, 소파에 누워서도, 사무실에서도, 가족과 함께 있을 때도, 잠들기 직전 이불 속에서도 우리는 온라인 속 사람을 만나느라 하루가 늘 바쁩니다. 문득 떠올랐던 해야 할 일은 어느새 '내일 하지 뭐.'로 바뀌어 버렸습니다.

2
절대로 시작하지 않겠다고
다짐했다

목표란 원래부터 달성하기 어려운 것입니다. 애초부터 어렵죠. 대신 목표를 정하고 시작하면 수월합니다. 하지만 사람들은 목표 세우는 것 자체를 시도하지 않는 경우가 많습니다. 절대로 시작하지 않겠다는 잠재의식이 존재하는 걸지도요. 어렸을 때 방학 숙제로 여름 방학, 겨울 방학 시간 계획표 세운 적 있으세요? 하지만 아이였을 때 처음 만들어 보는 방학 계획을 방학 내내 지켜내기란 쉽지 않습니다. 잠, 놀이, 휴식 시간을 많이 넣고 싶지만, 부모님이나 선생님의 꾸지람을 듣기 때문에 꿈의 방학 계획표를 만듭니다. 대신 공부, 학원 같은 걸 채워 넣었죠. 그러니 목표 달성하기에 어려웠겠죠? 아이들의 경우 상상력을 증대시킬 수 있는 시간이 필요합니다. 어른들의 지나친 간섭으로 아이들의 원대한 계획이 무산되는 경험을 하게 됩니다. 그러다 보니 목표란 지켜지지 않는 게 당연하다는 생각을 어렸을 때부터 하고 자란 셈이지요.

목표는 달성하기 어렵다는 무의식에 담긴 기억을 지금부터 다시 정의해 볼까요? '절대 시작하지 않는다'가 아니라 '작은 것부터 일단 시작하자'라는 마음먹기부터입니다.

중성지방 수치가 경계치를 넘은 적이 있습니다. 양파즙 다이어트를 한답시고 몇 박스나 먹어도 봤지만, 전 효과가 별로 없더군요. 현미밥 다이어트를 한다고 6개월 이상 현미밥을 싸서 출근했습니다. 직장에서 한동안 현미밥 도시락을 먹었습니다. 외부 출장을 갔다가 식당에 갈 때도 현미밥을 한 통씩 챙겨갔습니다. 몸이 가벼워지는 효과가 있었습니다. 단, 평생 유지하는 건 어려웠습니다. 결국 다이어트를 포기했습니다. 코로나-19 상황이 왔습니다. 온라인 다이어트 프로그램이 시작된다는 이야기를 들었습니다. 당시에는 바깥 활동에 제약이 있었잖아요. 직장 동료들 입에서 살쪘다는 이야기를 너도나도 하기 시작할 무렵이었습니다. 예전 같았으면, 그게 무슨 다이어트가 되겠나 싶었을 텐데요. 한번 시작해 보자는 결단을 내렸습니다.

다이어트 시작하기 전 모습을 촬영해서 공유해달라는 지시가 있었습니다. 난감했습니다. 제 배가 불룩하게 나온 사진을 공유하라고요? 기존 회원들이 사진을 먼저 공유하기 시작합니다. 배에 힘주지 않고 축 늘어진 배를 드러내고 현관 앞 거울 앞에 서서 사진을 찍습니다. 일단 돈을 냈으니, 저도 용기를 내봅니다. 뭔가 이유가 있겠지 싶어서요. 시키는 대로 사진을 공유합니다. 창피합니다. 틈새 운동을 시작했습니다. 화장실 갈 때마다 벽 팔굽혀펴기, 스쿼트 같은 간단한 근력 운동을 5분 정도 했습니다. 집에 올 때면 계단으로 15층을 올라다닙니다. 직장에서도 가능하면 엘리베이터를 타지 않고 3층 정도 걸어서 올라갑니다. 체중 감량 효과가 금방 나타나지는 않았습니다. 일주일 후 사진을 또 찍었습니다. 지난주와 비교해 보니 축 처져 있던 배가 조금 들어간 느낌이 들었습니다. 팔뚝에 볼록 근육이 생겼습니다. 육 개월 정도 참여했습니다. 처음 사진과 비교하면 모습이 확연히 다릅니다. 5kg이나 빠졌습니다. 생애 최초 살 빼기에 성공한 경험입니다.

글쓰기도 마찬가지입니다. 독후감 숙제가 있어도, 원고지 분량을 채우기가 어려웠습니다. 책 줄거리로 가득 채우는 게 전부였지요. 마흔이 돼서야 독서의 필요성을 체감합니다. 기록까지 욕심냈습니다. 초등학교 시절 기억으로 책은 읽어도, 생각으로 표현하는 게 힘들다고 생각했습니다. 그냥 한 줄만 적자라고 목표를 정했습니다. 한 줄도 머리가 지끈거렸죠. 책을 뚫어져라 쳐다봐도 처음엔 생각 안 날 때가 더 많았습니다. 꾸역꾸역 한 줄을 적어봅니다. 며칠, 몇 주, 몇 달 흐르니, 한 줄 채우는 게 더 이상 두렵지 않더군요. 요즘은 생각의 고리가 끝나지 않을 정도로 계속 아이디어가 샘솟고 있습니다.

재테크도 공부해야 한다는 걸 몰랐습니다. 그러니 당연하게도 손실의 위험이 따랐죠. 내 돈이 사라지는 두려움을 버티지 못하고 투자하기보다 은행 이자 0.1%에 신경 쓰며 살아왔습니다. 전문가가 나보다 낫겠지 싶어 펀드에 돈을 적립식으로 넣을 때도 있었습니다. 투자를 배워보자는 계획을 세웠죠. 독서를 시작하고, 강의를 수강하면서 재테크 공부를 시작했습니다. 직장생활로 독서할 시간이 없다고 방어했습니다. 하루 동안 제가 보낸 시간과 행동을 적어봅니다. 멍때리고 보내는 시간이 보입니다. 뭐 하느라 지나갔는지 기억조차 없는 시간도 있었고요. 이겁니다. 바로 시간을 발견한다는 이야기입니다. 바쁜 사람이라고 정의하고, 아무것도 할 수 없다고 생각했기에 아무것도 시작할 수 없었습니다. 무언가 해보겠다고 목표를 세우니 성공하는 방법이 보이기 시작했습니다.

이제는 절대로 시작하지 않겠다고 다짐하지 않습니다. 원하는 게 생기면, 얻을 수 있다고 믿을 수 있게 되었죠. 무엇이든 하면 된다는 자신감이 생기기 시작한 겁니다.

처음부터 완벽하고 대단한 습관을 만들겠다는 의지는 오히려 시작하지 못하게 만드는 방해 요소가 됩니다. 당장 내가 시작할 수 있는 것부터 시작하면 됩니다. 자수성가한 영국의 백만장자 롭 무어의 성공 비밀이 담긴 《결단》에서도 '지금 시작하고, 나중에 완벽해져라!'라고 말했으니까요.

목표를 정하고 성공할 수밖에 없는 작은 습관 하나를 시작해 보면 어떨까요? 아프리카 원주민 중에서 비가 안 올 때 기우제를 올리면 항상 100% 비가 오는 부족이 있습니다. 그 부족은 성공할 수밖에 없다고 하죠. 왜냐하면 성공할 때까지 춤을 추기 때문입니다.

직장에서 시스템 개발 프로젝트에 참여한 적이 있습니다. 시스템을 개발하고 납품하기 위해서 요구사항부터 분석합니다. 그리고 설계를 진행하죠. 처음부터 완벽한 설계는 불가능했습니다. 예비 설계부터 시작합니다. 그리고 다음 단계로 넘어가 상세 설계를 추진합니다. 중간 과정마다 요구사항을 제시한 그룹과 함께 검토회를 개최해요. 물론 실제 제품 납품할 때는 반드시 테스트 단계를 거치고 요구사항을 모두 만족시켜야 합니다. 테스트를 진행하는 동안 결함도 발견되면 무조건 고쳐야 합니다. 명확하지 않던 제품이 눈에 보이기 시작하면 요청한 측에서 개선 요구사항이 나옵니다. 목표는 요구사항을 만족시키는 거였지요. 개선 요구사항은 프로젝트 달성 시간에 여유가 있을 때 충족하는 걸로 협조를 구했습니다.

마케팅 전문가 그랜드 카돈의 《10배의 법칙》은 이미 습관이 장착된 상태라면 성과를 높일 수 있는 시스템입니다. 다만, 이제 습관을 만들어 나가는 사람에게는 처음부터 열 배 충족하기가 쉽지만은 않지요. 당장 성과를 내겠다는 마음보다는 실패해도 한 번 더 도전하는 자세가 필요합니다. 매일 남보다 1퍼센트 정도만 더 쌓아보는 에드 마일렛의 《한 번 더'의 힘》처럼 말이죠. 될 때까지 한 번의 성공 경험을 쌓아간다면, 절대 시작하지 않겠다는 다짐은 더 이상 하지 않게 될 겁니다.

3

세상엔 나보다 잘난 사람
너무 많습니다

남편에게 블로그를 시작해 보라고 권유하곤 합니다. 그럴 때마다 남편은 "세상에 나보다 잘난 사람이 얼마나 많은데!"라고 하면서 블로그 시작을 포기하죠. 남편 말로는 웬만한 정보로는 명함을 내밀지 못한다는 이야기였습니다. 자신의 전공 분야를 살려서 제품 하나를 해체하고 조립하는 과정을 낱낱이 조사하여 비교 분석한 자료가 이미 많이 있다고 했습니다. 그냥 그 전문가들이 쓴 글을 보기만 할 뿐, 자기만의 생각을 블로그에 남기지는 않습니다.

라이팅 코치를 시작하면서 주변 사람들에게 먼저 책을 한번 써보라고 권유합니다. 하지만 대부분은 나 같은 평범한 사람이 어떻게 책을 쓰냐고 이야기합니다. 그럴 때 이런 이야기를 해주었습니다. 모두가 전문 서적, 논문을 보는 건 아니에요. 초보자는 초보 수준에 맞는 책, 중급자는 중급 수준에 맞는 책, 고수는 고수 수준에 맞게 책을 찾아보죠. 고수가 초보자 관점에서 글을 쓴다면, 초보 시절의 느낌을 많이 잊어버렸을 겁니다. 이미 고수인걸요. 저에게 초등학교 1학년 수학 문제를 주고 초등학생 수준에 맞춰서 문제를 풀라고 하면, 당황스럽습니다. 1+1=2를 당연하게 생각하는 사람에게, 그 과정을 설명해야 하는 상황이니까요. 실력이 좋은 것과 그 수준에 맞춰 설명할 수 있는 실력은 다릅니다.

평범한 작가 열 명이 쓴《도대체 뭐가 잘못된 거지?》를 읽었습니다. 선명한 목표가 필요한 이유를 설명하고 있었습니다. 강문순 작가는 "목표는 경주마의 눈가리개처럼 내가 가야 할 방향만 보여주었다. 드라마도 보고 싶고, 잠도 더 자고 싶을 때 목표는 나를 일으켰다. 잘하는 사람에게 자꾸만 시선을 돌려 집중력을 잃었을 때 산만해진 나의 마음을 잡아주었다. 무엇보다 삶이 재미없을 때 스스로 정한 선명한 목표가 덧없는 삶의 재미를 안겨 주었다"라고 말했습니다.

'세바시(세상을 바꾸는 시간)'에 배우 안희연, 가수 하니가 출연한 적 있습니다. 내 안에서 찾은 나다움, 매력에 관한 이야기였습니다. 자신이 그렇게 가지고 싶었던 누군가의 날카롭고 빛나는 송곳니가 풀만 뜯어먹고 사는 기린인 그녀에게는 쓸모가 없었다고 합니다. '나에게 쓸데없는 송곳니'라는 시각으로 바라보고야 알게 되었다고요. 자신에게는 송곳니가 필요 없다는 걸 깨닫고 나니, 대신 그녀에게 있는 긴 목을 발견했습니다. 자신만의 매력은 자신 안에 있는 나다움이었다는 것, 가장 나답게 잘 가꿔 나가는 것이었다는 이야기를 듣고 나니 저절로 '그래, 맞아'라는 생각이 떠오르더군요. 그 영상을 바로 주변 사람들에게 공유하고 다녔습니다.

(틸틸하니, 안회연이 말하는 진짜 내 매력 찾는 법, 세바시 영상 https://youtu.be/
kieHXKSInPk)

우리가 세상 사람들에게만 맞추다 보면, 스스로 쪼그라질 수밖에
없습니다. 경주마처럼, 기린처럼 자신에게만 집중할 때 고유한 목표가
생깁니다. 세상엔 잘난 사람이 많습니다. 하지만 나의 길은 그들과 똑
같을 수 없습니다. 지금까지 살아온 경험이 다르고, 성격도 다르고, 환
경도 다르고, 가족 구성원도 다르기 때문입니다. 앞으로 우리가 살아
가는 길이 다르기 때문입니다.

두 사람만 모여도 상대방에게서 부러운 점만 보입니다. 정작 자신이
소유하고 있는 것을 바라보지 못하고 말입니다. 조금만 상대방의 말에
귀 기울여 보시기 바랍니다. 내가 보는 나와 상대방이 보는 내가 다르
다는 걸 알게 됩니다.

세상엔 나보다 잘난 사람이 너무 많다는 생각이 들 때는 닮고 싶은
사람을 한 명 골라보면 좋습니다. 바로 롤 모델로 정하는 일입니다. 그
저 나와 다른 세상 사람이라고 생각할 필요가 없습니다. 생각하지 말
고, 롤 모델로 삼아보면 좋습니다. 먼저 나보다 앞서 나간 롤 모델 한
명을 정해서 그(녀)를 닮아 가면 됩니다. 세상엔 새로 시작하는 사업들
도 많습니다. 스타벅스, 커피빈, 투썸 플레이스 매장이 있는 상황에서
빽다방, 컴포즈 커피, 메가 커피 등 저가 커피 프랜차이즈가 등장해서

인기를 끌고 있습니다. 그만큼 수요층이 다양하기 때문입니다. 만약 빽다방, 컴포즈 커피, 메가 커피 회사들이 스타벅스, 커피빈, 투썸 플레이스가 있으니 시도하지 않았다면 어땠을까요. 여전히 스타벅스, 커피빈, 투썸 플레이스 매장만 있었을 겁니다. 컴포즈 커피는 2024년 필리핀 외식 프랜차이즈 기업 졸리비푸즈(Jollibee Foods)가 경영권을 가져 갔습니다. 창업 10년 만에 4700억 원을 받고 회사를 매각했다고 합니다. (출처: 조선일보 24.8.21, 컴포즈 커피로 4700억 대박낸 양재석)

무언가 시도했는데 잘 안 된다고 포기할 필요가 없습니다. 계속 시도하면서 배우고, 다른 사람을 벤치마킹해서 또 다른 방법으로 시도해 보면 충분합니다. 세상엔 잘난 사람이 많습니다. 한 명이 아니기에, 내가 가장 잘 따라 할 수 있는 성공한 사람을 찾으면 됩니다. 패러다임만 바꾸면 됩니다. 세상엔 나보다 잘난 사람을 정해 따라 하거나, 나보다 뒤에 있는 사람들을 위해 지금 상태의 나를 기준으로 보여주면 충분합니다.

우리는 과거를 살아가는 사람이 아니라, 현재를 살아가는 사람이며, 미래를 준비하는 사람입니다. 지금의 내가 멈추고 있다면 여전히 못난 사람으로 남을 수 있습니다. 대신 지금부터라도 한 단계씩 밟아 나간다면, 나는 과거의 내가 더 이상 아닙니다. 나는 과거의 내 육체가 아니고, 나는 과거의 내 정신이 아니며, 나는 과거의 내 직업이 아닐 수 있습니다. 내가 맺은 인연이 새로움을 창조합니다.

우리 자신의 경험을 토대로 새로운 의미를 계속 부여하면서 스토리텔링을 만들어 간다면, 우리 자신만의 매력, 독창적인 나만의 목표를 만들어 낼 수 있습니다. 남과 비교할 수 없는 자신만의 선명한 목표가 있다면, 더 이상 남과 비교할 필요가 없습니다. 목표 따윈 없는 인생 대신, 누구와도 비교할 수 없는 나만의 독창적인 목표를 만들기만 하면 됩니다. 그 선명한 목표는 앞으로의 당신을 평범하지 않은 비범한 사람으로 이끌어 주는 열쇠입니다.

4
베스트셀러 1위

    무언가 필요해서 물건을 사야 하면, 베스트셀러 1위, 인기 순위 1위부터 찾았습니다. 판매업자들의 경우 이러한 소비자들의 심리를 이용합니다. 신제품을 출시할 때는 제품을 베스트셀러 순위에 진입시키도록 노력합니다. 즉, 초기 마케팅을 통해 베스트셀러에 진입하면, 베스트셀러로 남을 가능성이 높습니다. 왜냐하면, 사람들은 베스트셀러 중에서 구매를 선택하는 습성이 있기 때문이죠. '베스트셀러니까 베스트셀러다'라는 생각이 듭니다. 물건을 사야 하는 이유를 놓치지 않아야 합니다. 그 이유는, 즉 우리의 목표여야 합니다. 이유와 목표가 명확하지 않으면 대중의 인기 상품이라는 핑계로 원하지 않는 상품을 사거나 굳이 필요 없는 과한 물건을 충동적으로 살 가능성이 커집니다. 주변 사람에게 추천해 달라고 할 때도 비슷합니다. 내가 필요한 기능을 명확하게 밝히지 않으면, 상대방의 기준에서 정해집니다. 정작 내가 필요한 기능도 아닌데도 말이죠.

10월 무렵이면 서울대 김난도 교수팀에서 연구한 《트렌드 코리아 20**》가 출간됩니다. 연말까지 주간 베스트셀러 1위에 자리매김하는 듯 보였습니다. 그런데, 2023년 11월, 독일의 철학자이자 사상가인 쇼펜하우어 돌풍이 나타났습니다. 베스트셀러 1위가 바뀌었습니다. 〈나 혼자 산다〉라는 TV 프로그램에서 배우 하석진이 출연했습니다. 그가 차에서 《마흔에 읽는 쇼펜하우어》를 읽는 모습이 방영된 후 시청자들이 그 책에 관심을 갖기 시작했습니다. 2023년 11월 마지막 주 교보문고 종합 베스트셀러 15위 안에 쇼펜하우어 책이 세 권이나 들어갈 정도의 관심이었어요. 물론 연예인에 대한 팬심으로 책을 사 읽은 분도 계실 테지만요.

쇼펜하우어는 1788년에 태어난 염세주의자로 알려져 있습니다. 오래전부터 알려져 있던 철학자이긴 하지만 갑작스레 대한민국의 마흔들은 쇼펜하우어 팬이 된 듯 보였습니다. 2024년에는 대한민국 국민 대다수가 2024년 노벨문학상을 받은 한강 작가의 팬이 되었고요. 2024년 10월 셋째 주, 주간 종합 베스트셀러 1위부터 10위 안에는 한강 작가의 책이 아홉 권 있었습니다. 8위에 《트렌드 코리아 2025》가 있었죠.

몇 권이 팔려야 책 분야에서는 베스트셀러 1위가 되는 걸까요? 주로 집 근처 교보문고 잠실점에 들리는 편이지만 가끔 영풍문고 코엑스점을 방문하기도 합니다. 서점에 가면 주간 베스트셀러 코너에서 어떤 책이 있는지 주기적으로 살펴봅니다. 베스트셀러 1위를 사기 위해서가 아닙니다. 갑작스럽게 1위에 오른 책이 있으면, 또 누가 추천했는지, 궁

습관은 시스템이다

금해하거나, 아니면, 유명한 사람인가 궁금해서 저자 소개란을 펼쳐봅니다. 다시 책을 다시 내려놓습니다. 인기 순위에 있는 책을 주기적으로 살펴보는 이유는 사람들이 어떤 책을 관심 두는지 흐름의 변화를 파악하기 위해서입니다. 다음 주에도, 2주 뒤에도 1위에 남아있으면, 꽤 오래 1위에 머무르는 경향이 있었습니다. 대중의 관심이 점점 확산하고 있다는 의미죠. 그런데 반짝 1위에 올랐다가 일주일 뒤에는 순위권 밖으로 밀려나는 책이 있습니다. 그런 책은 대부분 초기 마케팅이나 팬심으로 책이 갑작스럽게 팔려 베스트셀러가 되었다가 사라지는 책이 됩니다. 만약 당신이 알고 있는 주간 베스트셀러 1위는 누군가의 팬들이 집중해서 산 책이거나, 아니면 대중의 관심이 확산되어 진짜 많이 팔리고 있거나 둘 중의 하나입니다. 언제 보느냐에 따라 달라질 수 있는 거죠. 그럴 때는 책 뒤편에 몇 쇄가 팔렸는지, 초판일이 언제인지 살펴보면 책을 고르는 기준으로 삼아볼 수도 있습니다.

시간이 충분하다면 아무 책이나 읽을 수 있습니다. 바쁜 시간을 쪼개야 하는 우리는 원하는 것을 더 빠르고, 더 쉽게 이루고 싶습니다. 그 과정에 필요한 책을 골라 읽고 싶습니다. 제 경우는 종합분야 순위보다 분야별 화제의 책에 더 관심이 있습니다. 모두의 1위가 아니라, 나만의 1위를 찾으면 좋겠습니다. 책을 고를 때는 책을 보는 이유부터 먼저 찾아야 낭비 시간이 줄어듭니다.

결혼한 지 13년 됐습니다. 대형 가전제품을 자주 교체하는 편이 아니라 한 번 사면 다시 알아볼 필요가 없습니다. 고장이 날 때 교체하거나, 새로 이사하면서 알아보는 경우가 가끔 생깁니다. 시간의 변화에 따라 기술도 많이 발전합니다. 가전제품을 고를 때는 저는 제품 출시 순으로 정렬한 다음 어떤 기능들이 언제 추가되었는지 살펴봅니다. 최신 제품일수록 성능이 개선될 가능성이 있습니다. 하지만 어떤 제품의 경우 아직 불필요한 고급 기능을 추가해 비용이 상승하는 예도 있습니다. 2011년 신혼살림을 준비할 때입니다. 3D 기능이 추가된 텔레비전이 막 출시되기 시작하던 시기였습니다. 당시에 영화 '아바타'가 인기를 끌었거든요. 텔레비전에 3D 기능이 들어가기 시작했습니다. 당시에는 3D 콘텐츠가 거의 없었는데요. 곧 3D 콘텐츠가 쏟아지는 줄 알았습니다. 대형 가전의 경우 보통 십 년 이상 쓰는 경향이 있습니다. 2D 텔레비전을 샀다가는 3D 콘텐츠나 나왔을 때 아쉬울 것 같아 최신 트렌드가 반영된 텔레비전을 사기로 결심했습니다. 3D 기능도 다양한 방식의 TV 패널이 있는데요. 그중에서도 가장 선명하게 볼 수 있는 제품을 골랐습니다. 가격이 다른 제품에 비해 20~30만 원이나 비쌌습니다. 그로부터 13년 지났습니다. 한 번도 3D 안경을 쓰고 시청한 적이 없습니다. 이 글을 쓰는 2024년 2월에 '에누리.com'에서 '3D TV'를 검색하니 2012년형이 나옵니다. 유행은 한 순간이었습니다. 몇 년 전부터는 거실 텔레비전은 스마트폰과 연결해 모니터용으로만 활용하고 있을 뿐입니다. 작은 방에 있는 텔레비전 기능이 있는 24인치 모니터를 켜서 부엌에서 식사할 때만 뉴스를 보고 있습니다.

20년 만에 시부모님이 이사를 했습니다. 세탁기와 건조기, 텔레비전을 새로 알아봅니다. 제가 혼수품을 마련하던 시기에 비해 새로운 기능이 또 늘었네요. 적당한 크기와 용량, 가장 기본적인 기능이 있는 제품으로 사시라고 알려드렸습니다. 세탁기와 건조기 제품을 인터넷으로 검색해 봤습니다. 기업별로 제품 종류와 디자인이 수십 가지가 나옵니다. 제가 사용하던 제품에 보완된 기능도 보였습니다. 자동 세제 투입 기능, 건조기 용량 21kg, 평소 좋아하던 올리브 색상과 베이지색을 정하니, 선택의 폭이 2~3개로 줄어듭니다. 선택이 훨씬 수월했죠.

어떤 일이나 행동을 시작할 때는, 왜 하는지 먼저 파악합니다. 목적이 분명해지고, 자발적인 동기부여가 시작되거든요. 블로그, 인스타그램, 유튜브 등의 SNS를 할 때도 해야 하는 이유를 먼저 찾으면 꾸준하게 지속할 수 있습니다. 트렌드를 좇다 보면, 유행이 금방 끝납니다. 어느 순간 나도 더 이상 해야 할 이유가 사라지죠. 하지만 내가 정한 이유와 명확한 목표가 있으면, 유행이 끝나더라도, 자신에게는 계속할 명분이 남습니다. 계속해 나갈 수 있죠. 대학원 시절에 음성 신호처리 분야에서 인공지능 이론을 공부한 적 있습니다. 아쉽게도 취업하면서 전공 분야의 관심을 놓았어요. 20년이 지난 지금 알파고와 챗 GPT, 하드웨어 기술의 발달로 다시 인공지능 분야와 TTS (Text to Speech), STT(Speech to Text) 기술이 많이 활용되고 있습니다. 아마 제가 그 기술의 끈을 놓지 않고 지금까지 연구를 계속해 왔다면, 지금쯤 다른 삶을 살고 있을지도 모르겠습니다.

'저걸 읽을 걸 그랬나?' '저걸 살 걸 그랬나?' '저걸 투자할 걸 그랬나?' 후회를 줄이는 방법은 목표에 따라 행동을 결정하는 일입니다. 그러기 위해서는 규칙적으로 읽고, 균형 잡힌 마인드 셋으로 목표와 이유부터 찾아야 한다는 조건이 따릅니다. 나에게 딱 맞는 책, 나에게 딱 맞는 커뮤니티, 나에게 딱 맞는 제품을 고르기 위한 첫걸음이 바로 베스트셀러 너머에 있는 나만의 명확한 목표를 찾는 일입니다. 다른 무엇과 비교할 필요가 사라집니다. 누구의 제안도 쉽게 거절할 수 있습니다. 무보수, 무반응, 무댓글, 팔로우 숫자에 연연하지 않고, 몇 달, 몇 년의 시간을 버틸 수 있죠. 그 지루한 시간을 버텨낼 때, 당신에게 소속되고 싶은 사람들이 자연스레 생기게 될 겁니다.

습관은 시스템이다

5
7년 전 오늘

7년 전 오늘, 무엇을 하고 있었나요? 그때부터 목표가 있었다면, 지금 달라졌을 것 같지 않나요? 그런데 말입니다. 7년 후 오늘, 후회할지도 모르는 과거가 바로 오늘입니다. 7년 전부터 시작한 무엇이 있다면, 이미 당신은 잘하고 있는 사람일 겁니다. 아직 만족할 만한 성과가 나오지 않았다고 포기하면 안 됩니다. 그 목표를 위해 방법을 조금만 비틀어 보면 됩니다. 그리고 지금처럼 계속하면 됩니다. 만약 7년 전 오늘 시작하지 않았다면요? 걱정하지 않아도 괜찮아요. 7년 전 저도 그랬으니까요. 여러분이 지금 떠올릴 수 있는 성공한 사람은 대부분 과거의 어느 날, 문득 결단하고 시작했던 사람입니다. 내일 시작할 사람이 아닙니다. 늦을 때란 바로 내일입니다.

아주 쉽게, 지금 당장 기록을 시작하면 좋겠습니다. 처음부터 어렵게, 완벽하게 준비하고 시작하면 끝까지 하기가 쉽지 않습니다. 머리로는 기록해야 하는 걸 알지만, 당신의 손가락은 절대 움직이지 않을 거라서요. 빠르게 내가 만들고 싶은 습관을 기록하는 방법은 아날로그 방식과 디지털 방식 모두 가능합니다. 혼자 기록을 남기면, 잊어버리거나, 귀찮아서 넘어갈 가능성이 있습니다. 친구나 가족, 아니면 온라인 커뮤니티, SNS 또는 함께 할 사람들을 몇 명 모아 공유하는 방식을 권하고 싶습니다.

7년 전 오늘, 온라인 커뮤니티에서 하루 목표와 실적, 가계부를 공유하라는 과제를 받은 적이 있었습니다. 처음에는 저를 모르는 사람들에게 개인 일정과 사생활을 공유해야 하는지 이해되지 않았습니다. 거부감도 들었습니다. 대신 혼자 에버노트에 기록하기 시작했습니다. 며칠 동안 혼자 기록했습니다. 그러다가 온라인 커뮤니티에 올라온 다른 사람의 기록이 궁금했습니다. 특별해 보이지 않는 아침 기상, 독서, 공부, 업무, 식사 일상이었습니다. 대신 얼마나 많은 시간을 공부하고 있는지 알 수 있었습니다. 출근하기 전에 일어나서 공부하고, 퇴근하고 나서 공부하는 사람들이 있었습니다. 시간을 기록해 보니 언제 시간을 낼 수 있는지 볼 수 있었습니다. 알버트 아인슈타인은 "어제와 똑같이 살면서 다른 미래를 기대하는 것은 정신병 초기증세다(Insanity is doing the same thing over and over again and expecting different results)"라고 했습니다. 새로운 변화를 만들어 내려면, 어제와 똑같이 살면 안 된다는 말입니다. 내가 원하는 새로운 목표가 생겼다면, 그걸 이루기 위해서는 새로운 습관 시스템을 장착해야 합니다. 무엇보다 어제와 다른 오늘 하루에 집중하는 과정이 필요합니다.

사람들은 자기 일이 아니면 관심이 없습니다. 모두 바쁜 사람들이 니까요. 글을 남겨도, 다른 사람의 글까지 정성스럽게 읽고 있는 사람은 그리 많지 않습니다. 대신 아무도 보지 않지만, 누군가 보고 있다는 착각을 우리는 활용할 겁니다. 누군가 보고 있다고 생각하면서, 기록하기 위함입니다. 누가 뭐라 하지 않지만, 누군가 보고 있을 거로 생각하면서 말이죠. 오늘 하루에 최선을 다하는 시스템을 만드는 과정으로 보면 됩니다.

오늘 날짜와 이루고 싶은 습관을 기록하는 것, 아무것도 아니고 사소해 보이지만, 이게 먼저입니다. 일종의 자동로그인 과정으로 보면 됩니다. 물건 쇼핑을 할 때, 회원으로 구매할 수도 있고, 비회원으로 살 수도 있습니다. 회원 가입은 처음은 번거롭지만, 자동로그인 기능이 있습니다. 다음에는 아이디와 암호를 입력하지 않아도 바로 로그인됩니다. 습관은 자동화입니다. 지금 어디쯤 배송 중인지 배송 단계가 궁금해서 다시 확인하거나 재구매를 위해서는 회원 가입해 둔 곳은 비회원으로 가입한 것보다 다시 찾아보기 편리합니다. 다양한 인증이 많습니다. 만보 걷기 인증을 하고, 다이어트를 위해 지금 먹고 있는 음식 사진을 찍어서 공유합니다. 오늘 읽은 책 한 페이지를 인증 사진을 찍어 공유하기도 합니다. 기록하기 시작하면 누군가에게 보여줘야 한다는 의무감에 혼자 할 때보다 강제성이 생기거든요. 대부분 이렇게 시작합니다.

다시 들여다보기 좋고, 나만의 기록을 쌓아서 신뢰를 쌓아갈 수 있는 도구입니다. 쓰고 싶게 만드는 노트 한 권을 마련해도 좋습니다. 노르웨이 과학기술대 오드리 판데르 메이르 교수가 2024년 1월 입증한, 키보드보다 손으로 쓸 때 뇌 연결 패턴이 더 정교하다는 연구 결과를 발표한 적이 있습니다. 아날로그로 기록했더라도, 사진을 찍어 디지털로 기록을 공유하는 방법도 가능합니다.

2018년 블로그를 시작했습니다. 처음에는 저도 블로그 이웃이 '0'이었습니다. 우연히 검색을 통해 커뮤니티에서 알고 지내던 이웃들을 발견했습니다. 한 명씩 이웃 추가하기 시작했습니다. 서로의 블로그를 방문해 댓글을 주고받았더니 커뮤니티에서 나누던 대화보다 더 친한 느낌이 들었습니다. 블로그에서는 비밀 댓글 기능도 있어서 더 터놓고 이야기할 수 있었고요. 매일 아침 부동산 기사를 공유하는 사람도 있었고, 매일 아침 경제 뉴스를 공유하는 사람도 있었으며, 매일 아침 어제 주식 시황을 정리해서 공유하는 사람도 있었습니다. 저는 매일 아침 하루 10분 독서하고, 한 문장과 그날의 생각을 공유하기 시작했습니다. 이웃 블로그의 이웃 수도 천 명이 안 되었습니다. 하지만 지금은 블로그 이웃 수가 5만 명이 넘는 인플루언서가 되어 있었습니다. 2022년 3월부터 메르님은 블로그에 글을 올렸습니다. 하지만 3개월 정도는 혼자서 놀았다고 합니다. 2022년 6월 블로그 이웃이 생기기 시작했고, 2024년 10월 19일 블로그 이웃 20만 명을 돌파하였습니다. 누구에게나 처음은 '0'입니다. 기록을 시작하는 것은 '나'의 선택입니다. 그에 대한 반응은 타인의 권리죠. 블로그나 SNS 운영할 때, 반응이 없다고 포기하지 않았으면 좋겠습니다. 그 과정을 넘어설 때, 아마 여러분은 7

년 후 오늘, 과거의 오늘인 지금을 웃으며 이야기 나누는 사람이 되어 있을 테니까요.

《데일카네기의 인생경영론》은 각계각층 유명 인사 60명의 '5분 전기'를 소개하고 있습니다. 라이트 형제, 퀴리 부인, 헬렌 켈러처럼 이미 익숙한 인물부터 마크 트웨인, 찰스 디킨스, 조지 버나드 쇼, 셰익스피어와 같은 작가의 인생에 대한 태도를 들여다볼 수 있었습니다. 자기 신뢰와 열정, 인간관계, 돈에 대한 철학, 우연이라는 기회, 성실한 태도, 인생을 대하는 태도의 기본을 다루고 있습니다. 여기에서 '성실한 태도'에 우리는 집중해 볼 필요가 있습니다. 우연이라는 '기회'는 '성실한 태도' 위에 있습니다. 지금부터 하루 5분 저널을 시작하는 마음으로 성실한 태도를 쌓기 시작하면, 우연이라는 '기회'가 주어졌을 때 선택할 수 있습니다. 이 책에 나온 조지 버나드 쇼의 문장이 기억에 남습니다. "우물쭈물하다가 내 이럴 줄 알았지!"라고 알려진 쇼의 묘비명을 제대로 번역하면 "오래 버티면 내가 이런 일이 생길 줄 알았지(I knew If stayed around long enough, something like this would happen)"라고 합니다.

아직 목표도 없고, 따로 시간을 내기도 어려운 사람이라면, 오늘 하루 일정 적는 것부터 시작하면 어떨까요. 그리고 그 옆에는 '왜' 그 일을 했는지 이유를 적어 보는 겁니다. 1960년 출간된 이후 3,000만 부 이상 팔린 부와 성공을 부르는 마음의 법칙 사이코 사이버네틱스에 관한 《맥스웰 몰츠 성공의 법칙》에서는 "무엇이든 21일간 계속하면 습관이 된다. 21일은 우리의 뇌가 새로운 행동에 익숙해지는 데 걸리는 최소 시간이다"라고 이야기하고 있습니다. 매일 같은 시간 10분~15분, 아니 단 1분이라도 반복적으로 행동하면 습관을 만들 수 있습니다. 적어도 3주 동안, 습관 하나를 만들어 둔다면, 성공의 법칙에 자동 로그인하는 열쇠를 얻게 되는 셈입니다. 7년 전 오늘, 로그인하지 못했더라도, 7년 후 당신의 오늘은 뿌듯한 하루가 되게 준비하면 됩니다. 앞으로 우리가 만들어 나갈 습관은 다가올 미래의 '성공의 문'에 들어가기 위한 '회원 가입' 단계니까요. 간편 인증만으로 자동로그인 할 수 있는 시스템을 만드는 것이 습관입니다. 자동 시스템에 대해 가입할지는 당신의 선택에 달려있습니다.

제2장

그냥 하는 거라니

1
산책하는 강아지가
나보다 낫구나

"그냥 하는 거지, 무슨 생각을 해."

김연아 선수의 한마디입니다. 여기에 더 이상 우리는 할 말이 없습니다. 특별한 방법을 찾고 나서 완벽하게 하는 게 아닙니다. 그냥 하는 거라니 더 이상 할 말이 필요 없지요. 그냥 하는 거, 돌이켜보니 저는 일상을 기록으로 남기고 있었습니다. 아무 의미가 없어 보였지만 일단 기록부터 시작했습니다. 직접 손으로 기록하는 것도 있지만, 일부는 자동으로 저장됩니다. 기록은 기준점으로 활용할 수 있습니다. 지금 당장은 눈에 보이지 않지만, 시간이 지나서 얼마나 변했는지 되돌아보기 위함입니다.

올림픽 공원으로 산책하러 종종 나갑니다. 하루는 복슬복슬 하얀 털을 가진 강아지 한 마리와 주인이 제 앞에 걸어가고 있었습니다. 하얀 강아지 한 마리가 두 발을 앞으로 내밀면서 폴짝폴짝 뛰어가는 모습이 눈에 들어옵니다. 주머니에 있던 스마트폰을 꺼내 동영상 촬영을 시작했습니다. 강아지는 가다가 낙엽 옆으로 가서 호기심을 가지고 킁킁거리더니 다시 발길을 돌려 옆으로 걸어갑니다. 산책로에 몇 미터마다 나무들이 서 있는데 강아지가 쪼르르 달려가더니 뒷다리 한쪽을 하늘로 치켜들고 영역 표시를 합니다. 오줌이 찔끔 나옵니다. 그리곤 다시 꼬리를 살랑살랑 흔들며 앞으로 쫄래쫄래 걸어갑니다. 강아지는 영역 표시를 통해 자신의 존재를 알리곤 합니다. 강아지는 자신이 표시한 영역을 다시 지나갔을 때 기억하는 걸까요? 왜 군이 영역 표시를 하는 걸까요? 저는 강아지를 키워 본 적이 없어서 정확히는 잘 모르겠습니다. 온라인에 검색해 보았더니 강아지가 영역 표시를 하는 첫 번째 이유는 강아지 자신의 냄새를 남겨서 다른 강아지들에게 자신의 존재와 우위를 알리기 위함입니다. 두 번째 이유는 영역 표시를 통해 강아지가 주변에 인사의 의미를 전달하는 거라고 합니다. 그리고 마지막 세 번째 이유는 주인에게 관심 끌기 위해 영역 표시한다고 합니다. 적극적으로 영역을 표시하는 강아지의 행동이 SNS와 오프라인에서 소극적으로 소통하는 저보다 훨씬 낫구나 싶었습니다.

저는 8년 전부터 온라인에 흔적을 남기기 시작했습니다. 그전까지는 온라인에 영역 표시를 한 적이 없습니다. 그저 사람들이 남겨둔 글을 읽기만 하고 공감도 댓글도 남긴 적이 없기 때문이죠. 흔히 말하는 눈팅족. 그러니 상대방은 저를 알 길이 없습니다. 네이버 카페와 블로그에 저도 영역 표시를 시작했습니다. 다른 사람들에게 저의 존재를 알리기 시작한 계기가 되었죠. SNS에 글을 남기고, 이웃과 팔로워에게 댓글을 남겼어요. 주변에 인사한다는 의미죠. 책 출간 이후부터는 독자들과 소통하고, 책과 독서모임, 글쓰기 수업을 알리기 위해 저만의 유니버스를 만들어 가고 있습니다.

　온라인에만 남기는 건 아닙니다. 제 공간 어디든 기록하는 습관이 있습니다. 처음부터 체계적으로 기록한 건 아닌데요. 집을 정리하다가 2006년도에 쓰던 다이어리를 서랍 속에서 발견했습니다. 18년 전 저는 다이어리에 무엇을 써두었을까요? 손바닥 크기의 다이어리를 핸드백 속에 넣어 다녔습니다. 스마트폰이 없던 시절이라 종이로 된 다이어리를 들고 다니며 일정을 관리했습니다. 친구들과의 약속 장소와 시간, 출장지, 회의 시간 등이 적혀 있었습니다. 뒤쪽을 넘겨 보니 급여를 어떻게 통장 쪼개기 했는지 금액을 나눠 써둔 페이지도 있었습니다. 당시에 생활의 달인을 보고는 맛집을 수첩에 적어두기도 했고요. 송파 맛집도 적어두었더군요. 당시에 두통이 심했는지 날짜별로 오른쪽 편두통이 아팠는지, 왼쪽 편두통이 있었는지, 눈 뒤편이 아팠는지도 기록해 둔 게 보였습니다. 편두통이 종종 생겼는데, 왜 아픈지 몰라서 원인을 찾아보기 위해 기록을 남긴 흔적이 보였습니다. 다행히 지금은 편두통이 사라졌습니다. 처음으로 아픈 상황을 기록하고 전날 무엇을 했는지 무엇을 먹었는지 어떤 상태였는지 적어봤습니다. 처음 적었다고 해서 원인을 알 수는 없었습니다. 의심되는 항목들이 많았기 때문입니다. 며칠 후에 다시 두통이 생겼습니다. 다시 그 전날 어떤 상태였는지 기록했습니다. 두 번 정도 기록하면서 공통된 점을 몇 가지 발견합니다. 아직 원인이 명확하지 않았습니다. 그렇게 몇 번 편두통이 찾아왔을 때마다 기록을 남겼더니 조금씩 눈에 띄는 항목이 있었습니다. 전날 무리를 해서 늦게 잠들었거나, 주말에 너무 늦게까지 잠을 자고 일어났더니 두통이 생긴다는 사실을 발견했습니다. 그리곤 이런 결론을 내렸었죠. '아, 나는 잠을 많이 자거나, 잠을 적게 자면 머리가 아픈 사람이구나.'라고 말입니다. 그 이후부터는 잠자는 시간을 조절했고, 너무 많이 자지도, 너무 적게 자지도 않았습니다. 다만 한 달에 한 번은 초저녁부터 잠을 청해야 하는 시간이 있습니다. 저의 생체 신호임을 받아들이고, 모든 걸 다 중단하고 일찍 자는 날입니다.

남편이 퇴직한 날 퇴사 축하 파티를 위해 해산물 뷔페 '바이킹스 워프'에 갔습니다. 잠실 롯데 타워가 보이고, 햇살이 비치는 창가에 단둘이 앉아 맛있는 음식들을 골라 먹었습니다. 그 순간을 기억하고 기록하고 싶었습니다. 갑자기 아이디어가 떠올라 창가에서 바라보이는 석촌호수 풍경을 사진에 담았습니다. 그리고 가족 밴드를 만들었습니다. 그날 찍은 사진과 함께 제가 퇴직하는 날 다시 오자는 메시지를 네이버 밴드에 남기기 시작했습니다.

건강 기록도 그냥 합니다. 핏빗(Fitbit)이라는 건강 시계를 차고 이동 거리를 저장하기도 합니다. 산책할 때 핏빗 버튼을 눌러 이동 경로를 추적합니다. 수면 시간도 측정합니다. 체중도 기록합니다. 자동으로 앱에 몸무게와 비만도가 측정됩니다. 아침에 일어나서 화장실에 다녀와서 체중계에 올라갑니다. 음식 사진도 찍어서 올립니다. 갑자기 몸에 두드러기가 났거나, 배가 아플 땐 사진을 열어 봅니다. 어떤 음식이 문제가 되었을까 되돌아봅니다. 기록하지 않으면 기억이 잘 나지 않습니다. 기록을 연결하면 어떤 상황인지 예측이 가능합니다.

스티브 잡스는 점을 먼저 찍고 연결하여 애플 제품을 만들어 내곤 했습니다. 내가 남긴 기록을 연결하면 지금 내가 어디에 있는지 파악하기가 수월합니다. 원하는 걸 얻기 위한 목적지에 도달하기 위해서는 지금의 위치 파악이 중요합니다. 지나온 과정을 기록하다 보면, 눈에 보이지 않던 길이 생깁니다. 지금 제대로 된 방향으로 나아가고 있는지 되돌아보며 점검할 수도 있습니다. 지금 당장은 눈에 보이지 않아 답답할 수 있습니다. 지금 나아가는 길이 불투명해 보일지 모르겠지만, 그냥 중간중간 찍으면서 나아갑니다, 강아지가 영역 표시해 나가듯 자신만의 영역도 조금씩 확장될 수 있습니다. 당신의 하루는 이제 더 이상 그냥 하루가 아닙니다. 성공을 향해 한 걸음씩 나아가기만 한다면, 누군가 당신 뒤를 따라올 것입니다. 그러면 당신은 그들에게 성공 시스템 가이드를 제공하는 셰르파가 되는 것입니다.

2
남의 떡이 커 보이는 원리

'우울증 청년 36만명…지자체가 보듬는다'라는 2024년 3월 12일, 한국경제신문 기사가 눈에 들어옵니다.

> 12일 건강보험심사평가원 보고서에 따르면 2022년 우울증 환자는 약 100만 32명으로 2018년(75만 3,011명) 대비 32.8% 증가했다. 이 중 20~30대(35만 9,142명)가 전체의 35.9%를 차지한다. (중략) 김진만 부산대 사회복지학과 교수는 "청년들은 생애주기 관점에서 가장 불안정한 시기를 보낸다"라며 "사회적 관계망(SNS)의 발달로 비교가 일상화된 문화가 청년층의 우울감을 악화시키고 있다"라고 지적했다.

옛날 옛적 토끼와 거북이 이야기를 한번 해 볼까요. 토끼와 거북이가 살았습니다. 거북이는 토끼에게 제안하여 경주하기로 했습니다. 속도 내어 뛰어가던 토끼는 경기 중에 중간에 멈춰 낮잠을 잡니다. 느리게 가던 거북이는 천천히 자기만의 속도로 나아갑니다. 거북이는 천천히 나아갑니다. 따로 쉴 시간을 낼 필요 없었는지 자신의 속도를 유지하며 멈추지 않고 목적지에 도착할 수 있었습니다. 토끼는 거북이가 자신을 추월했다는 사실을 깨닫고 빨리 다시 뛰어갑니다. 거북이에게는 졌지만, 토끼도 목적지에 도착했습니다. 즉, 거북이와 토끼 모두 자신이 목표한 지점까지는 도착했습니다. 토끼처럼 빨리 뛰어갈 수 있는 체력이라면 빨리 뛰어가도 괜찮습니다. 중간에 지치면 쉬어갈 수도 있습니다. 거북이처럼 천천히 걸어가는 체력이라면 쉬지 않고 목적지까지 갈 수 있습니다. 내 인생은 오직 나 혼자 나아가는 경주입니다. 다른 사람이 앞서 도착하더라도 상관없습니다. 나의 목적지까지 도착하는 게 중요할 뿐입니다.

남편과 함께 카페에 방문하면 남편은 아인슈페너나 카페 라테를 주문하고, 저는 따뜻한 아메리카노를 주문합니다. 겉으로 보기에는 시커먼 아메리카노보다 커피 위에 우유가 올라가 있는 모양이 더 먹음직스러워 보입니다. 한 모금 먹어 보고 싶어집니다. 남편이 눈치를 챘는지 컵을 제 앞으로 슬쩍 밀면서 "맛만 봐"라고 건네줍니다. 딱 한 모금 마셔봅니다. 그리곤 아메리카노를 마십니다. 가끔 카페 라테를 주문할 때도 있습니다. 금방 후회하고 맙니다. 뱃속에서 '꾸르륵 꾸르륵'하는 소리가 납니다. 아랫배도 살살 아픕니다. 곧장 화장실로 달려갑니다. 결국 카페 라테를 다 마시지도 못하고, 화장실을 다녀와야 했습니다. 다음엔 절대 카페 라테를 주문하지 않겠다고 다짐합니다. 다음 날, 남편이 주문한 카페 라테를 보면 또 그 맛을 궁금해합니다. 인간의 본성이니 어쩔 수 없습니다.

집 근처 이탈리아 식당이 하나 있습니다. 주문할 때 항상 메뉴를 고민합니다. 토마토 스파게티와 오징어 먹물 리조또를 고릅니다. 그런데 옆 테이블에는 루꼴라와 방울토마토, 블랙 올리브 위에 하얀 치즈가 솔솔 뿌려진 화덕피자를 먹고 있습니다. '피자도 주문할까?' 생각이 듭니다. 다음 방문에서 결국 루꼴라 올라간 화덕피자를 주문하죠. 그런데 옆 테이블에서 왕새우와 전복, 오징어가 들어간 해산물 스파게티와 고르곤 졸라 피자를 먹고 있네요. 해산물 스파게티와 거뭇거뭇 검은 곰팡이가 있는 고르곤 졸라 피자를 꿀에 푹 찍어 먹는 맛이 떠올라 다음에 오면 저 메뉴를 주문해야겠다고 생각합니다. 결국 식당에 갈 때마다 다른 메뉴를 고르지만, 항상 옆 테이블에 펼쳐진 메뉴를 힐끗힐끗 보면서 침이 고입니다.

지금은요, 남의 메뉴보다 남편과 제가 좋아하는 오징어 먹물 리소토와 해산물 토마토스파게티, 그리고 화덕피자까지 주문하고는 피자가 남으면 포장해 오는 편입니다. 몇 가지 메뉴를 먹어 본 뒤, 메뉴에 대한 맛 평가를 가족 밴드에 기록해 두었습니다. 한 번은 스테이크를 주문해서 먹었습니다. 스테이크는 굽기가 요청한 미디움 레어에 비해 웰던에 비슷할 정도로 익혀 나왔습니다. 기대했던 맛이 아니었습니다. 다음에는 옆 테이블에서 스테이크를 주문하더라도 흔들리지 않을 듯합니다.

주식 투자를 할 때도 비슷합니다. 배당주와 성장주에 대한 투자를 두고 고민하는 경우가 많습니다. 목돈을 배당주에 투자하면 매월, 매 분기, 매년 배당률에 따라 배당금이 통장에 들어옵니다. 한국인이 많이 알고 있는 미국 주식 월 배당주로 리얼티인컴 기업이 있습니다. 매월 배당금을 지급해 주니, 부동산 월세를 받는듯한 기분을 느낄 수 있습니다. 다만, 리얼티인컴 배당주에 투자한 사람은 2024년 엔비디아처럼 성장주에 투자해 수익을 낸 사람이 부러워질 때가 있습니다. 배당주는 10년, 20년, 30년 등 장기적인 시각으로 배당금을 재투자할 때 복리의 효과를 느낄 수 있어서, 단기 상승에 따른 시세 차익을 볼 수 없기 때문입니다. 워런 버핏도 65세 이상이 되어서야 주식이 지금 자산의 90프로 이상이 되었듯이 말이죠. 2030 직장인이라면, 아무래도 당장 투자할 수 있는 금액이 적을 수 있으므로, 적어도 10년, 20년, 30년을 내다보고 투자해야 하는 셈이죠. 그러다가 코로나-19 같은 위험이 닥쳤을 때 성장주의 하락은 배당주의 하락률보다 컸습니다. 오히려 배당주에 투자하고 있는 경우라면, 매달 배당금을 받으니 배당 재투자를 통해 배당률을 높이는 기회가 될 수 있었죠. 이처럼 주식 투자에도 배당주와 성장주의 관계는 항상 남의 떡이 더 커 보이는 경우가 생깁니다. 그래서 투자자들은 배당주와 성장주에 대한 주식의 포트폴리오를 자신의 나이와 자산, 취향에 맞게 일정 비율을 유지하는 경향이 있습니다.

아놀드 슈왈제네거(Arnold Schwarzenegger), 실베스터 스탤론(Sylvester Stallone)을 혹시 아시나요? 아놀드 슈왈제네거는 영화배우이자 정치인이고, 실베스터 스탤론은 영화배우이자 영화감독입니다. 이들은 처음엔 유명한 사람이 아니었습니다. 영화 촬영장에서 수많은 거절을 듣고도 자신이 선택될 때까지 그 자리에 버티고 있었습니다. 호리호리한 사람들이 인기가 높은 시절에도 터미네이터, 람보 같은 몸 상태를 유지하고 있었기 때문에, 스카웃 제의를 받을 수 있었습니다. 결국 영화감독의 눈에 띄는 기회가 올 때까지 기다린 셈입니다. 그들이 남의 떡이 더 커 보인다고 다른 사람처럼 몸을 바꿨다면, 아마 지금 우리는 터미네이터와 람보 영화의 주인공으로 다른 사람을 언급하고 있을지 모르겠습니다.

사람마다 입맛도, 성격도 그리고, 취향도 다릅니다. 나를 자세히 알게 되면, 다른 사람과의 비교가 줄어듭니다. 남의 떡이 커 보일 수 있습니다. 그런 데 신경 쓰는 일이 줄어듭니다. 내가 갖지 않은 것에 대해 타인이 소유하고 있는 경우는 이 세상에 허다합니다. 자신이 선택하지 않은 선택지에 대해서 미련을 갖기 시작하면 끝이 없습니다. '남의 집 잔디 신드롬'이라는 말이 있는데요. 남의 집 잔디가 더 푸르러 보이지만, 가까이 가보면 그렇지 않다는 이야기죠. 나 자신에게 시선을 돌리고 지금 가지고 있는 것에 대해 감사하면, 자신의 욕심과 기대치를 줄이고 풍요와 여유를 만끽할 수 있습니다. 경제 칼럼니스트 모건 하우절의 《불변의 법칙》에 따르면, "행복을 위한 제1원칙은 기대치를 낮추는 것이다"라고 합니다. 선택하지 않은 것에 대한 기대치를 낮추면, 나의 선택이 최고의 선택지였다고 생각하기 쉬워집니다. 지금 내가 가진 것들이 없던 게 생긴 거라고 여기며, 대상을 소유하고 난 뒤

그 가치에 대해 그것을 갖고 있기 전보다 훨씬 높여 평가하는 경향을 말하는 '소유효과(Endowment Effect)' 현상을 나 자신에게 활용해 보길 바랍니다. 비교보다는 나 자신을 존중하는 자존감을 키운다면, 자신을 믿고 그냥 나아갈 수 있습니다.

3
아, 괜찮아요. 됐어요.

누군가 선뜻 달리기, 다이어트, 독서, 영어 공부를 함께 하자고 하면 겁부터 덜컥 났습니다. 시도해 보지도 않은 채 말입니다. 힘들어 보여서, 어려운 것 같아서 "아, 괜찮아요. 됐어요"라는 말부터 나왔습니다. 두려움이 많아서 열정에 기름 붓는다는 말처럼 쉽게 움직이진 못했습니다. 마흔이 될 때까지 전혀 움직이지 않았으니까요. 불타오르듯 활활 타라고 주변에서 손잡고 같이 하자고 할 때도 선 뜻 손잡고 나서지 못했습니다. 소화기로 화재 원인을 진압하듯, 남편조차 그게 되겠냐는 말에 열정의 씨앗을 뿌리지도 못한 적도 있습니다. 대신 제가 마음먹은 대로 그냥 덤덤하게 저만의 방식으로 십 분 읽고, 동네 걸어 다니고, 틈새 운동하며, 지금 할 수 있는 만큼만 하자고 마음먹었습니다.

나만의 습관을 처음 만들 때는 무분별한 제안을 거절하는 습관이 있었습니다. 욕심내지 않고 아주 작은 습관부터 만들어야 하기 때문입니다. 점진적으로 활성화하는 방법부터 시작합니다. 본인의 능력을 생각하지 않고 무분별한 챌린지에 참여하게 되면, 오히려 역효과를 발생시키기 때문입니다. 예를 들어, 다른 사람들은 하루에 책 한 권을 읽는 데 성공하는 사람이 있을 수 있지만, 직장에 다니는 사람으로서는 성공하지 못할 가능성이 커서, 오히려 자존감이 낮아지기도 합니다. 육아하는 엄마와 직장에 다니는 워킹맘에도 차이가 있습니다. 챌린지에 참여하거나 강연을 들으면, 참여 대상이 동일 조건이 아니라서 일방적인 과제 부여 시 낙오자가 생기는 건 당연하기 때문입니다. 학원이나 학교에서 학생별 맞춤형 단계 수업이 필요한 것처럼 말입니다.

오프라인 강의장에서 5주간 재테크 강의를 들은 적이 있습니다. 1주 차 수업은 목표, 시간 관리, 동기부여에 관한 시간이었습니다. 수업 시간에 조 편성이 있었습니다. 제 뒤에 있던 조원이 쉬는 시간에 저를 찾아와 새벽 5시에 기상 미션을 함께 해보자고 제안했습니다. 갑작스러운 제안에 저는 못 한다고 반사적으로 거절했습니다. 40년 동안 갖고 있던 습성을 한 번에 바꾸는 게 쉽지 않았기 때문입니다. 강의를 듣고 동기를 부여받긴 했습니다만 바로 함께 시작하기엔 부담이 느껴졌습니다. 대신 저 나름대로 수면 시간을 조절해 봐야겠다고 생각했지요. 평소 여섯 시 사십 분에 일어나서 출근해야 했어요. 6시 30분, 6시 20분, 6시 10분, 일주일에 딱 10분씩만 잠을 줄여보기로 했죠. 그렇게 두세 달 지나고 나서야 저도 새벽 다섯 시에 일어나게 되는 기적이 생겼습니다. 처음부터 동료가 제안한 대로 바로 새벽 다섯 시에 일어났더라면, 며칠 지나지 않아 힘들어서 포기하고, 자책하며 자존감이 낮아졌을지 모르겠습니다. 남과 같이하니 꾸준히 하는 게 오히려 어려

습관은 시스템이다

웠습니다. 타인이 제안한 열정은 살포시 거절하는 대신, 나로부터 열정의 씨앗을 조금씩 키워 봅니다.

마흔부터 본격적으로 자기계발서와 경제 경영서를 읽기 시작했는데요. 아는 게 없으니, 카페에서 추천해 주는 필독서 열 권부터 읽기로 했죠. 독서모임을 한다길래 책을 또 강제로 읽어야 했습니다. 네이버 카페에서 책 서평단을 모집하는 글이 있었습니다. 책을 무료로 준다니까 신청해 보기로 했어요. 책을 읽기로 다짐한 터라 부담이 없을 것 같았지만, 1~2주 안에 책을 읽고 카페와 SNS, 서점에 서평 후기를 남기는 조건이 있었습니다. 예상보다 잘 안 읽히는 책도 있었고, 서평을 해본 적이 없어서 처음엔 어려웠습니다. 한두 번 서평단을 신청하다가 이후로는 내돈내산(내 돈 주고 내가 샀다는 뜻) 하기로 마음먹었습니다. 마음 편하게 독서하고 싶었거든요. 책을 공짜로 받으면 서평을 잘 써 줘야 한다는 무언의 압박이 느껴졌기도 했습니다. 정말 읽고 싶은 책이 아니면 요즘은 서평단 응모를 하지 않습니다. 블로그와 인스타그램에 적극적으로 책 서평을 남겼더니, 출판사에서 가끔 서평단 제안이 올 때도 있습니다. DM으로 보내오는 서평단 제안에는 지금까지는 100% 거절하고 있습니다. 대신 제가 읽고 싶은 책을 출판사나 제가 좋아하는 작가님이 서평단으로 모집할 때는 가끔 신청하기도 하고요.

거절이 필요할 때 상대방에게 거절 의사를 표현하기 어려울 때가 생깁니다. 그럴 때는 나의 목표와 우선순위를 확인하면 거절하는 게 쉬워집니다. 지금은 주식 공부에 집중하고 있다면, 부동산 공부는 잠시 내려놓습니다. 주식 투자에도 한국 주식, 미국 주식, ETF, 배당주, 단기 트레이딩, 가치투자, 퀀트 투자 등 여러 방법이 있습니다. 내가 만약 미국 주식만 공부하겠다고 하면, 한국 주식에 관한 공부를 같이하자고 제안받으면 거절해야 합니다. 부동산 공부를 같이하자고 해도 거절이 필요합니다. 일단 주식 공부에 집중합니다. 인생은 직진이 아닙니다. 좌회전만 있는 게 아닙니다. 일단 그냥 시작하다가, 길을 잘못 들었다고 판단 들 때 인생은 P턴 해도 괜찮습니다. P턴 하면, 가던 길을 벗어나 다른 길로 들어갈 수 있으니까요.

MKYU 김미경 대표는 "거절도 레퍼런스가 된다"라고 말한 적이 있습니다. 내가 거절을 한 게 아니라, 상대방이 거절하기도 합니다. 김미경 대표는 강사 초기에 거절을 엄청나게 당했었다고 합니다. 책 내게 해주세요, 강의하게 해주세요. 거절. 거절. 거절. 강의를 거절한 곳이나, 출판사 입장에서도 때에 따라 거절합니다. 강연가, 작가도 때에 따라 거절할 수 있습니다. 각자 처지에서 모두 거절할 수 있는 권리가 있습니다. 거절이 상대방에게 피해를 준다고만 볼 수 없습니다. 오히려 더 자극제가 되거나 동기부여 받기도 하니까요. 한 번 거절했다고, 한 번 거절 당했다고 자존감을 낮출 필요는 전혀 없습니다. 내가 생각하기에 목적에 적합한지, 우선순위에 맞는지 판단하고, 정중하게 거절하면 됩니다.

도리 클라크의 《롱게임》에서는 좋은 제안도 때로는 거절한다고 이야기했습니다. 저는 12월에는 휴가 계획을 세우고 있습니다. 일 년 중 한 달을 휴가 기간으로 미리 정했기 때문입니다. 그래서 아무리 좋은

습관은 시스템이다

제안도 '12월은 쉴 거야'라고 우선순위에 따라 거절합니다. 모든 기회를 수용하다가는 정작 이루고 싶고, 원하는 일을 놓치기 쉽기 때문입니다. 그냥 하는 거라고 해서, 무조건 모두 수용할 필요가 없습니다. 목표를 다시 확인하고, 가장 중요한 일에 집중해야 합니다. 거북이처럼 쉬지 않고 가더라도 목적지를 향해 가야 합니다. 다른 길로 빠지지 않고, 빨리 종착지에 도착하기 위한 거절의 노력이 꾸준한 습관 시스템 장착에 유리할 때가 있습니다.

4
난 그런 책 안 읽어

일주일에 한 번은 집 근처에 있는 교보문고에 갑니다. 서점에는 다양한 사람과 수만 권의 책이 진열되어 있죠. 가판대 위에는 신간 도서가 놓여 있는 코너가 있습니다. 인기 있는 책을 모아 둔 화제의 코너도 있고, 베스트셀러 및 광고용 도서 거치대도 따로 마련되어 있죠. 책 분야별로 구역이 나뉩니다. 잠실역 8번 출구 방향에서 교보문고 쪽으로 지하로 내려가면 잠실 교보문고 출입구가 나옵니다. 출입문을 열고 들어가면, 왼쪽 첫 번째 구역에 정치 분야 책이 쌓여 있어요. 정치 분야는 제 관심 밖이라 바로 지나칩니다. 바로 옆에 자기계발서 코너가 있어요. 동선을 따라가면 자기계발 분야 신간과 화제의 코너, 유명인 코너로 나뉘어져 있습니다. 먼저 신간 도서 주위를 한 바퀴 둘러봅니다. 유튜브, 인스타그램, 블로그, TV 등 어디서 본 듯한 이름의 책이 눈에 먼저 띕니다. 다음에는 제가 읽었던 책의 저자가 추천한 책이면 펼쳐 보죠. 대형 출판사에서 출간한 책이 먼저 눈에 들어옵니다. 제목과 저자 약력, 목차, 추천사부터 읽어요. 호기심이 생기면, 그 책은 사진 찍어 관심 리스트에 담습니다. 찍은 사진은 제가 운영하는 북위키 커뮤니티에 먼저 공유합니다. 그리고 시간이 날 때, 블로그에 정리하죠. 그때는 온라인 서점에서 목차와 개요, 출판사 서평을 참고합니다. 한 달에 한 번 정도는 화제의 코너로 가봅니다. 읽어야지 다짐했던 책들이 여전히 놓여 있으면, 되새김하고요. 세 번 이상 눈에 밟힌 책이 있으면, 구매하거나 밀리의 서재, 리디에서 전자책으로 가볍게 오디오북이라도 들어봅니다.

다음엔 바로 경제 경영서 코너로 옮겨 갑니다. 자기계발서와 마찬가지로 신간 도서를 둘러봅니다. 지난주에 못 본 책이 있는지 둘러보고, 새로 나온 책도 확인합니다. 이젠 서점 중앙에 있는 주간 인기도서 코너로 직진합니다. 종합 순위, 경제경영, 자기계발, 인문, 에세이, 소설, 예술 과학, 여행/요리/건강, 예술/과학, 정치/역사, 어린이, 아동 코너 등 분야별 많이 팔린 책이 진열되어 있거든요.

저는 자기계발서와 경제경영서 위주로 책을 읽는 편입니다. 종합 주간 인기도서 순위와 자기계발, 경제경영 분야별 순위를 주기적으로 둘러봅니다. 매주, 매달 방문하다 보니, 갑자기 순위권에 들어온 책이 어떤 책인지, 사라진 책이 있는지 파악하기가 쉽습니다. 출간되자마자 순위권에 올랐다가 1~2주 만에 사라지는 책도 있거든요. 사진도 물론 찍어 둡니다.

한 번은 자기계발 분야에 신규 진입한 책이 있어서 둘러 보고 있을 때였습니다. 젊은 연인들이 서점에서 자기계발 인기 도서 판매대 근처로 다가왔습니다. 커플 중 남자는 《데일 카네기 인간관계론》을 들면서이 책 읽어야 한다고 말하면서, 교수님에게 메일 보냈어야 했는데 아직못 보냈다며 걱정하더군요. 아마 《데일 카네기 인간관계론》을 읽었다면 교수님에게 메일을 늦게 보낼 때 가능하면 심기를 거슬리지 않도록표현하는 방법을 알게 되었을지 모릅니다. 당시 켈리델리 CEO 켈리 최의 '최고의 아침을 만나는 하루 20분의 약속' 《100일 아침 습관의 기적》이 자기계발 분야 인기도서 5위에 있었습니다. 여자 측에서 남자에게 "난 저런 책 안 읽어"라고 하면서 둘은 자리를 떠났습니다. 그 상황을 옆에서 지켜보던 저는 왜 이런 책을 안 읽으려고 하는지 궁금증이생겼습니다. 켈리 최 회장은 전작 《파리에서 도시락을 파는 여자》, 《웰씽킹》으로 베스트셀러 순위에 오를 정도로 사람들이 읽고 있다는 책이었거든요. 얼핏 보기에는 자기계발서를 안 읽는 사람, 또는 싫어하는 사람으로 비쳤습니다.

자기계발서의 종류는 다양합니다. 네이버 어학사전에 따르면, '자기계발(自己啓發)'이란 잠재하는 자기의 슬기나 자신의 사상 따위를 일깨워주는 것이라고 합니다. 인생을 살아가면서 제가 원하는 것을 얻기 위해서 다양한 방법이 있습니다. 자기계발서를 읽기 전과 읽고 난 이후저는 일의 효율성과 속도에 차이가 생겼습니다. 교보문고 기준 '자기계발'도서의 분류에는 성공/처세, 자기능력 계발, 비즈니스능력 계발, 인간관계, 화술/협상, 청소년 자기계발로 구분되어 있습니다. 더 세부적인 카테고리로 내려갈 수도 있고요. 그냥 하는 거라고 하지만 그냥 하는 것과 이미 나보다 먼저 경험해 본 사람들의 이야기를 듣고 하는 것은 차이가 있었습니다. 이미 성공해 본 경험이 있는 사람들의 성공 스토리로 동기부여 받고 삶의 지혜와 조언을 받을 수 있었습니다. 독서법, 시간 관리, 글쓰기, 마인드 컨트롤, 퇴직, 은퇴, 처세, 리더십, 기획, 메모법, 다이어리 작성법, 협상법 등에 관한 자기계발서를 읽고 나니, 업무 처리 속도가 빨라졌고, 업무 만족도까지 높아졌습니다. 또한 동료와의 갈등 문제도 대화로 해결해 나갈 수 있었습니다. 만약 독서하지 않았더라면 처음 맡는 업무에 허덕이며 시간을 흘려보냈을 거예요. 인간관계 문제와 내적 갈등으로 불편해하고 고통스러워했을 겁니다. 누군가는 자기계발서를 그만 읽으라는 말을 하기도 합니다만, 알고 있는 것과 실행하는 것은 차이가 있다고 생각합니다. 알고 있어도 잊어버리면 효과가 없습니다. 제가 자기계발서를 반복적으로 주기적으로 읽고 있는 이유이기도 합니다. 나의 능력을 효율적으로 개선하는 방법인데 마다할 이유가 없습니다. 어떤 책에서든 한 가지 이상은 배울 점이 있습니다. 전혀 배울 점이 없다고 하는 책조차도 잊고 있었던 나의 능력을 다시금 깨우쳐 주는 행운을 안겨줄 때가 있습니다.

2023년 독서 인구 실태조사에 따르면, 독서를 하는 사람은 13세 이상 인구의 48.5 퍼센트입니다. 10대가 68.1%로 가장 많습니다. 이 말은 성인이 되면 독서량이 줄어든다는 이야기와 같습니다. 문제는 학교에서 배우는 게 다가 아니라는 거죠. 오히려 사회생활을 시작하면서 학교에서 배운 것 이외에 새로 배워야 하는 게 훨씬 많습니다. 예를 들면, 직장에 취업하면 직장 관련된 업무, 타인과의 협업, 보고서작성, 직장 내 인간관계, 대화법, 리더쉽, 회의 방법, 재무 등 처음 경험해 보는 일이 많습니다. 직장에서 인턴쉽이나 멘토링 제도 등 실무를 배우는 기회가 주어질 때도 있지만, 업무를 시작하는 순간 모르는 것들이 여기저기 튀어나옵니다. 일일이 선배, 동료, 후배에게 물어보기 민망한 질문도 있고요. 처음 하는 일이라 당연히 힘들고 어렵거든요. 당장 발등에 불이 떨어졌을 때 당황합니다. 걱정하지 마세요. 우리에겐 선후배보다 훨씬 더 자세하고 상세히 알려주는 책이 있습니다. 한 번은 엑셀 책을 빌려 하루 한 가지 함수를 공부하기도 했습니다. 자기계발서를 읽고부터 미움받을 용기를 냈습니다. 혼자 끙끙거리며 고민하던 일도 전화 한 통으로 해결할 수 있었습니다. 평소에 인간관계를 잘 유지한 덕분에 옆 동료가 참고 자료를 알아서 보내줍니다. 요즘은 힘들고 어려울 때, 도움이 필요하거나 궁금한 게 생겼을 때, 오프라인 서점이나 도서관으로 달려갑니다. 혹시, '책 한번 읽어볼까?'하는 생각이 들었나요? 독서를 권하고 싶은 사랑하는 사람이 주변에 있나요? 부담스럽지 않고 시작할 수 있는 책 세 권을 소개합니다.

　　첫째, 가볍고 다정하게 책과 조우할 수 있도록 소설부터 읽습니다. 독서의 효과를 아직 느껴보지 못한 분이라면, 소재가 책 배경일 때 책과 더 친해질 수 있습니다. 황보름의 《어서 오세요, 휴남동 서점입니다》는 책과 서점을 통해 새로운 관계를 만들고, 스스로 일어서기 위해 노력하는 사람들의 이야기가 담겨있습니다.

　　둘째, 그림과 이야기가 섞여 있는 가벼운 자기계발서입니다. 예를 들면, 조직심리학자, 자기계발 분야 파워 블로거이자 베스트셀러 작가 벤저민 하디의 《퓨처 셀프》입니다. 미래의 자신을 알면, 지금부터 목적 있는 삶을 살아가는 데 도움이 되기 때문입니다.

셋째, 업무에 바로 적용해서 일이 편해지는 책입니다. 호리 마사타케의 《일이 편해지는 TO DO LIST 250》는 사소한 습관으로 하루를 승리로 이끌어 주는 꿀팁 가득한 책입니다.

한 분야의 책을 세 권 정도 읽으면, 그 분야에서 일정 수준 이상의 지식이 쌓입니다. 책에는 훨씬 더 많은 책이 들어 있습니다. 당신의 생각도 책의 한 부분입니다. 그냥 하는 것과 고민에 대한 문제를 해결해 줄 수 있는 자기계발서를 읽고 하는 건 다릅니다. "그런 책 안 읽어" 대신, "왜 진작, 자기계발서를 안 읽었을까?"라는 후회 섞인 말이 툭 튀어나올지도요. 저도 그랬으니까요.

*교보문고 '자기계발' 분야 세부 카테고리

성공/처세	자기관리/처세 청년훈 삶의지혜/조언 직장처세 성공스토리 카네기시리즈
자기능력계발	시간관리 학습/공부법 독서/글쓰기 아이디어/창의성

자기능력계발	마인드콘트롤/감정 여성처세 남성처세 고전처세 매너/이미지메이킹 진로/직업/적성 중년/퇴직/은퇴 노후생활/귀농/귀촌
비즈니스 능력계발	비즈니스소양 기획력 프리젠테이션스킬 메모/문서서식 다이어리/플래너 리더십향상 고전에서배우는리더십 대리/과장/팀장 신입사원
인간관계	커뮤니케이션향상 인간관계일반 직장내인간관계 남녀관계
화술/협상	대화/화술 유머 설득/협상 연설/스피치 회의방법/토론
청소년자기계발	청소년자기계발 자녀훈육

습관은 시스템이다

5
아, 살 빼야겠다

3년 전에 사둔 훌라후프를 다시 꺼냈습니다. 훌라후프를 돌릴 때마다 배와 옆구리 주변이 아픕니다. 예전과 똑같은 훌라후프였지만, 왜 아플까요?

당시에는 훌라후프를 매일 25분씩 돌리기로 마음먹었을 때입니다. 일반 훌라후프가 너무 가볍게 느껴질 정도였습니다. 배에 자극이 느껴지지 않을 정도라 운동 효과가 없어 보였습니다. 온라인에서 검색해보니 지압 훌라후프가 있었습니다. 자극을 주면 뱃살이 조금이라도 더 빠지지 않을까 싶었습니다. 지압 훌라후프에는 원 안쪽으로 돌기가 튀어나와 있습니다. 주문한 훌라후프를 받자마자 조립해서 돌려봅니다. 한 바퀴 겨우 돌렸을 뿐인데 아픕니다. 조금씩 횟수를 늘렸습니다. 1~2주 정도 지나자 익숙해지네요. 그 이후로는 25분간 돌려도 끄떡없었습니다. 훌라후프를 아침에 돌리며, 그냥 서 있는 시간이 아깝다는 생각이 들었습니다. 하루 이틀 빠지니 훌라후프를 3년째 방치하고 있습니다. 퇴사하고 집에 있게 된 시간이 많아졌지만, 홀라후프에 손이 잘 안 갑니다. 집에서 움직이지 않으니, 뱃살은 다시 늘어납니다. 배도 나오고요. '아, 살 빼야지.' 다시 복부 자극의 필요성이 느껴집니다. 홀라후프를 다시 꺼내봅니다.

　배, 허리 주변 근육은 다 사라진 상태입니다. 홀라후프를 잡고, 허리를 돌려봅니다. 홀라후프 처음 샀을 때랑 같았습니다. 아픕니다. 근육을 만들어 보겠다고 다짐했으니 버텨보기로 합니다. 한 바퀴씩 돌릴 때마다 "아! 으! 악!" 앓는 소리가 절로 나옵니다. 꾹꾹 참습니다. 이도 꽉 깨물어 봅니다. 예전에 처음 돌렸을 때 경험을 떠올리면서요. 약 일주일 정도 참으면 괜찮아졌거든요. 어떻게 해서라도 견뎌야 했습니다. 배, 허리가 욱신거립니다. 둘째 날, 더 아픕니다. 도저히 그냥 돌리지 못할 정도로요. 겉옷을 한 겹 더 입고 다시 도전합니다. 3일째, 홀라후프 돌리는 시간을 조금 줄여야 했습니다. 더 이상 견디지 못할 상태에서 멈췄습니다. 4일 차 되는 날, 다시 도전합니다. 이번에는 혹시나 하는 마음에 겉옷을 입지 않고, 티셔츠만 입은 채로 홀라후프를 돌렸습니다. 버틸 만합니다. 이젠 지압 홀라후프를 돌려도 앓는 소리를 내지 않아도 될 만큼 자극이 줄어들었습니다. 자극과 시련, 고통, 멈추고 싶은 욕망이 있었지만, 견뎌내고 나니 뿌듯해집니다. 이젠 편하게 홀라후프로 실내 유산소 운동하며 복부 지방을 태울 수 있는 체형으로 바뀌었습니다.

　습관은 멈추면 다시 처음으로 되돌아가기 쉽습니다. 습관이란 유지할수록 더 쉬워지는 법이죠. 운동, 독서, 글쓰기, 브랜딩, 공부도 비슷합니다. 멈추었다가 다시 시작하기가 어렵죠. 그럼에도 다시 시작하면 해낼 수 있습니다. 해본 경험이 있으니 다시 도전하면 처음보다는 습관화하는 시간이 줄어들긴 하거든요. 하지만 처음 습관을 만들 때처럼 시련과 고통은 다시 찾아옵니다. 힘들다고 띄엄띄엄 행동하는 습관이 제겐 더 어려웠습니다. 매일 하는 게 쉽습니다. 꾸준한 습관을 만들기 위해, 처음 가져야 할 마음가짐 세 가지를 소개합니다.

첫째, 목적 달성보다 원칙 시스템을 만듭니다. '단기간에 살 빼야지'보다는 평생 건강 유지하는 습관을 만들기 위해서는 어떻게 하면 좋냐고 질문을 바꿔봅니다. '책 많이 읽어야지'가 아니라 평생토록 오랜 기간 독서 습관을 만들면 어떻게 해야 하냐고 질문합니다. 원칙 시스템을 만들면, 원칙을 따르기만 하면 됩니다. 목적 달성에 집중하면, 목적 달성한 이후에 멈추게 되고, 그 이후에는 '요요현상'이 기다리는 경우가 많습니다. 멈추는 대신 원칙 시스템을 유지하는 게 필요합니다.

둘째, 고통과 시련을 견뎌야 더 강해지고 성장한다는 사실을 받아들입니다. 이는 회복탄력성이라고도 합니다. 처음 시작하는 일, 멈추었다가 다시 습관화하려면 고통과 시련이 다시 생깁니다. 일정 기간을 참아내고 견뎌낼 때, 익숙해지는 시기가 오기 때문입니다. 아프기도 하고, 지겹기도 하고, 힘듭니다. 당연한 일이라고 받아들이면, '한 번 더'의 힘으로 오늘 하루도 넘길 수 있습니다. 포기하고 싶었을 때, 다시 시작해야 하는 상황이 오면 똑같이 아픈 상황을 반복한다고 생각하니 포기를 멈출 수 있었습니다.

셋째, 시작 단계임을 알아차립니다. 지압 홀라후프를 시작했을 때는 일주일을 버텨보자고 마음먹고 시작했습니다. 어떻게든 일주일을 버티면 괜찮아진다는 사실을 경험해 봤기 때문이죠. 달리기를 시작할 때도 마찬가지입니다. '런데이' 어플리케이션이 있습니다. 처음 달리기를 시작하는 사람이 5㎞, 10㎞, 42.195㎞를 바로 달리지 않습니다. '런데이' 어플리케이션에는 30분 달리기 도전 메뉴가 있습니다. 5분 준비 걷기로 시작해서 천천히 달리기 1분과 천천히 걷기 2분을 4세트하고, 천천히 달리기 1분 후 마무리 걷기 5분을 합니다. 첫날은 5분 달리기로 시작하는 겁니다. 둘째 날, 천천히 달리기 1분 30초와 천천히 걷기를 2분을 4세트하고, 천천히 달리기 1분 30초 동안 하면 15분 30초를 달리고 시작 전 5분 준비 걷기와 마지막에 마무리 걷기 5분으로 구성되어 있습니다. 25분 30초 동안 운동하는 겁니다. 그렇게 1주, 2주, 시작해서 8주 차에 30분 달리고, 준비 걷기 5분과 마무리 걷기 5분 하여 40분 동안 운동을 도와주는 어플리케이션입니다. 첫날부터 완벽한 습관은 없습니다. 어떤 습관이든 습관화하려면 일정 시간이 필요합니다. 사람마다도 특성이 달라서 기간은 차이가 있습니다. 이제 시작이니까, 1분, 5분, 10분 조금씩 점진적인 습관으로 확장해 나가는 단계이니, 여유 있는 마음으로 시작하면 어떨까요.

다시 헬스장에 등록했습니다. 헬스장에 들어가려면 실내용 운동화로 반드시 갈아 신어야 합니다. 스트레칭 후, 러닝머신 위에 올라갑니

습관은 시스템이다

다. 걷고, 달리기를 반복합니다. 러닝머신에는 P1부터 P5까지 프로그램된 코스가 있습니다. 자신의 스타일대로 하는 프로그램입니다. 자동화 습관을 수동으로 만들거나 정해놓은 프로그램대로 실행해도 됩니다. 시간과 거리, 경사, 속도를 조절할 수 있습니다. 시작 버튼을 누르니 3, 2, 1 숫자가 바뀌면서, 동작합니다. 속도 증가 버튼을 누릅니다. 5.5㎞/h에 맞추고 걸었습니다. 느려 보이면 6㎞/h로 속도를 올리기도 하고, 빠르다 싶으면 5㎞/h 속도로 내립니다. 경사도까지 조절해 봅니다. 첫날은 걷기에 집중하고요. 둘째 날은 1분에 초점을 맞추고 속도를 높여 뛰었습니다. 조금씩 익숙해집니다. 당장 5㎞를 달릴 수 있는 체력은 안 됩니다. 하지만 5㎞ 달리기라도 한번 도전해 보고 싶어서, 걷고, 달리기를 반복해 봅니다. 한 달 동안 헬스장에 간 날, 몇 번되지 않습니다. 완벽한 습관을 장착하겠다기보다는 평생 건강 습관을 만들 거니까 오늘도 실내 운동화를 손에 들고 집을 나서봅니다.

제3장

일단 시작하라는 말

1
믿음에서 나오는 성공법칙

"일단 시작해." "그냥 좀 해"라는 말, 지금까지 살아오면서 이미 많이 들어보셨죠? 너무 많이 들어서 익숙해져 버린 탓에 들어도 감흥이 잘 오지 않을 수 있습니다. 하지만 이미 성공한 사람들과 책 저자들이 왜 이 말을 하는 똑같이 강조하는 걸까요? 이유가 있지 않을까요?

당장 시작하려고 해도 무엇부터 해야 하는지 모르는 경우가 있습니다. 사실 여기엔 정답이 없거든요. 사람마다 다르니까 일단 손에 잡히는 뭐라도, 눈에 보이는 것 무엇이라도 괜찮으니, 아무거나 일단 시작해 보라는 의미입니다. 평소와 다른 습관을 만들기 위해서는 작고 점진적인 변화가 쌓일수록 오랫동안 유지될 가능성이 높습니다. 시간이 걸리는 만큼 오래 유지될 수 있다는 의미입니다. 갑자기 바꾼 습관들은 오히려 역효과나 요요를 부르니까요.

과거에는 나보다 더 앞서 나가고 있는 사람이니까, 선배니까, 나이가 많으니까, 부자니까, 해본 사람이니까, 무조건 그들의 방법을 따라 하면 된다고 믿었습니다. 하나라도 얻는 게 있을 거로 생각하며 눈치 본 적도 많습니다.

내가 틀렸다고 생각하면 자책하고, 자신이 아닌 다른 사람의 행동과 말을 따릅니다. 내가 틀렸다고 부모님이 시키는 대로만 성장한다면, 부모님의 뜻도, 내 뜻도 아닌 제3의 인격으로 살아가게 됩니다. 부모님이 시키는 대로, 선생님이 알려주는 대로, 선배가 명령하는 대로 해도, 똑같은 기대효과가 나타나지 않습니다. 일단 내가 틀렸다고 가정하고 시작하면, 뭘 해도 자신감이 부족하고, 용기 내는 것 자체가 어려운 일입니다. 우주의 중심이 뒤틀어졌기 때문입니다. 이를 바로잡는 방법은 바로 나 자신을 믿기 시작하는 것입니다. 누구보다도 내가 나를 제일 잘 아는 존재입니다. 내가 있는 곳이 우리 집, 직장 안으로 한정하는 게 아니라, 무한 우주로 확장하여 바라보면 어떨까요? 무한 우주의 중심은 지구가 아닙니다. 무한 우주의 중심은 타인이 아닙니다. 무한 우주의 중심을 '나'라고 가정하면 관점이 달라집니다. 중심이 무너지면 우주가 사라집니다. 무한 우주의 중심인 나라는 존재를 믿고, 성공의 씨앗을 심어봅니다.

저는 무한한 목표를 설정하곤 합니다. 습관을 만들려면 21일, 66일 정도 필요하다고도 합니다. 혼자 하기 어려운 사람은 100일 도전 챌린지에 참여하기도 하고요. 처음부터 천 개 팔굽혀펴기는 어렵겠지만, 하루에 한 개씩 1,000일 동안 하는 건 시도해 볼 수 있다고 《사장학개론》김승호 회장이 저자특강에서 한 이야기가 떠오르네요. 나라는 존재를 무한 우주의 중심이라고 두고, 1,000일이라는 기간을 한정하면 생각보다 빨리 1,000일이 지나갑니다. 1,000일 넘었다고 중단할 필요 없겠죠?

저는 습관으로 만들고 싶은 건, 목표 디데이를 두지 않는 편입니다. 왜냐하면, 평생 지속할 수 있는 습관, 무기 하나를 만드는 걸 목표로 정했기 때문입니다. 자기 신뢰를 갖게 해준 습관은 바로 매일 새로운 아침을 맞이하며 시작하는 하루 10분 독서입니다. 독서 습관을 만들기 위해서는 기본 중의 기본으로 바라봤습니다. 일단 시작하자. 큰 의미를 두지 않았습니다. "평생 독서하려면 어떻게 할까?"라는 질문을 던졌더니, 매일 독서, 매일 생각 기록, 매일 행동 세 가지가 나오더군요. 그게 바로 《평단지기 독서법》 기본 원칙입니다. 2024년 12월 11일 기준, 2,800일째 하루도 빠짐없이 독서하는 습관이 생겼습니다. 평생 습관을 만들고 싶다는 의지는 믿음으로 바뀌었습니다. 무한 목표는 끝이 없는 목표지만, 성공은 매일 있습니다. 오늘 일단 시작하고 오늘 마치는 일입니다. 믿음에서 나오는 성공법칙이기에 무한한 우주의 별 하나처럼, 오늘 성공은 나의 무한한 성공 궤적의 하나일 뿐입니다.

건강한 식습관 만들기, '건식이 전도사이자 2.2만 팔로워를 보유한 굿오쩡이(@goodfoodeater8282)님의 '내 몸을 바꾸는 하루 한끼 10분 밥상' 특강을 들었습니다. 열세 살 딸과 함께 건강식 6년 차 엄마인 굿오쩡이님은 돈 들이지 않고 간단한 집밥으로 8kg을 감량했다고 합니다. 3년간

500명 넘는 30대 40대 주부들의 식습관을 코칭하며 꾸준한 건강 습관을 유지해 나가고 있었습니다. 본인은 MBTI 성향이 ENFP이므로 꾸준히 해본 적이 없었지만, 신기하게도 건강한 식습관을 꾸준히 유지하고 있다며 자랑스러워합니다. 늘 지치고 피곤해하던 그녀였는데, 일단 건강한 식습관으로 바꾸고 나니 가족들의 식습관도 바뀌고 마음도 건강해졌다고 하네요. 회원들에게 건강레터 발행과 함께 제철 음식으로 자연식 건강 레시피까지 공유합니다. 건강한 식습관을 갖게 되면 체중 감량은 저절로 따라오는 것이라며 의도하지 않아도 자연스럽게 몸에 익도록 행동하는 건강한 식습관을 전하는 시간이었습니다. 처음부터 과도한 목표를 정하는 게 아니라 식단 사진 찍는 것부터가 건강한 식습관의 시작이었습니다. 그게 습관화가 되면 다음 단계로 진행합니다. 대신 그 전 단계의 좋은 습관은 누적해서 실행하라고 합니다. 결국 제철 자연식, 건강한 식단으로 습관화하는 방식이었습니다.

독서, 건강 지키기뿐만 아니라 습관은 단기적으로 끝내는 걸 말하는 게 아닙니다. 인생을 살아가면서 평생 유지하면 좋은 것들을 자동 습관화할 필요가 있습니다. 일단 시작해 봐야 본인 스타일에 맞는지 아닌지 판단이 섭니다. 처음 시작할 때부터 어려운 습관을 만들기보다는 자신의 스타일에 맞는 방식으로 시작하는 게 필요합니다. 그러면 자신을 믿고 시작하고, 유지해 나가는 게 쉬워지거든요. 스스로 설정한 목표나 가치관이 굳어지면, 누가 뭐래도, 특히 가족을 포함한 사람들의 시선도 이겨낼 수 있습니다. 타인을 바꾸려 하다가는 나조차 무너질 수 있습니다. 내 습관만 바꾼다는 생각으로 임할 때 나의 습관이 더 굳건해집니다. 습관은 나를 더 알아가는 여정이에요. 완벽한 습관을 찾아 시작하려고 시간을 그냥 흘려보내기보다는 실패도 나를 알아가는 과정이라고 여긴다면, 시작하는 두려움이 줄어듭니다. 자기 신뢰는 바로 기적과 행운의 자물쇠를 여는 열쇠입니다.

2
모두가 알지만 시작이 어려워

이제 자신에 대한 믿음이 생겼을까요? 아니면, '도대체 뭘, 어떻게 시작하는 거야?' 여전히 두렵고, 혼란스러운가요? 그러면 제 삶의 전환점이 되어준 독서 경험을 소개해 드릴게요.

완벽주의 성격이 있었던 탓에 전체 자료를 찾아보고서야 무언가 시작할 수 있었습니다. 학교에서 시험 볼 때도 시험 범위에서 중요한 부분부터 골라보는 게 아니라, 처음부터 끝까지 시험 범위를 다 봐야 직성이 풀렸습니다. 시간이 모자라도 중요한 부분을 공부하는 게 아니라 처음부터 공부했더니 뒷부분에서 문제가 나오면 불안하고 초조했거든요. 이 경험으로 인해서 아마 저는 어떤 걸 시작하려면, 모두 준비하고 나서 결정해야 한다는 편견이 생겼을지도 모릅니다. 항상 처음부터 끝까지 보고 다시 중요한 부분으로 돌아와 외우는 과정을 거쳐야 했죠. 정작 내 걸로 만드는 집중적인 시험공부가 늦어졌습니다. 학교 시험 범위와 달리 내가 살아갈 인생의 범위는 명확하지 않습니다.

정답이 있을 수 없습니다. 끝이 어디고, 집중해야 하는 곳이 어딘지도 잘 모릅니다. 학교에는 선생님이 있고, 직장에는 선배, 상사가 있듯이 우리보다 먼저 살아본 사람들이 주변에 있습니다. 시작이 어렵다면 그들에게 먼저 물어보고 시작해도 괜찮습니다.

미술 분야 중 입체의 아름다움을 표현하는 방식으로 '조소(彫塑)' 예술이 있습니다. 조소는 조각과 소조를 합한 말입니다. 조각(carving)은 딱딱한 재료를 외부에서 내부로 깎아서 표현하는 방법이고, 소조(modeling)는 가소성 있는 재료를 내부에서 외부로 붙여서 표현하는 방식입니다. 조각이든 소조든 입체적인 아름다움을 표현하는 조형예술입니다. 새로운 방법을 배워서 새로운 습관을 하나씩 덧붙여 나가도 좋고, 내가 갖고 있는 능력과 경험에서 불필요한 습관을 하나씩 제거하며 단순해져도 좋습니다.

새로운 시작은 늘 낯섭니다. 두렵고 불안하고 초조하며 걱정스럽습니다. 겪어보지 않았고, 상상할 수 없어서입니다. 학교에서도 알려주지 않고, 직장에서 얻을 수도 없으며, 주변 사람도 없을 때 기대하지 않은 행운을 얻는 방법이 저는 독서라고 생각합니다. 스스로 독서하자는 마음먹기가 가장 먼저지만요. 돈을 더 많이 벌고 싶다는 생각으로 재테크에 관심을 두기 시작했었습니다. 제대로 재테크 공부를 한 번도 한 적 없으니 어떤 것부터 시작하면 될지 막막했죠. 그럴 때마다 저는 어김없이 조급증이 찾아옵니다. '이게 맞나?' 싶기도 하고요. 현실 세계에서 도전은 굴곡 있는 시련과 역경을 어김없이 만납니다. 처음부터 성공하면 행운에 속기 쉽습니다.

독서부터 시작하면 좋겠습니다. 안개 속 동굴을 지날 때는 앞이 보이지 않아요. 얼마 전 뉴스에서 인공지능 자율주행 차량이 안개와 연기로 동굴을 가득 메워서 앞이 안 보이는 상황에서 사람보다 자율주행 차가 더 안전운전을 했다는 기사를 본 적 있습니다. 독서는 자율주행 차량처럼 운전자가 아는 길보다 더 안전한 경로를 제시하기도 합니다. 선택은 물론 운전자에게 달려있지만요. 누군가로부터 독서를 조언받았거나, 누군가 독서하고 있는 모습에 나도 책을 읽자는 생각이 조금이라도 생겼을 때, 독서를 통해 행운을 발견할지 모릅니다. 독서의 효용성을 높이는 방법 세 가지를 소개합니다.

첫째, 어려운 책을 읽을 때입니다. 아무것도 모르는 상태에서 '무'에서 '유'를 창조해야 하니까요. 처음 읽는 책이라 무슨 소린지 이해 안 가는 부분이 많을 겁니다. 그럼에도 첫 책을 끝까지 넘겨 보길 권합니다. 그리고 두 번째 책을 찾아 읽습니다. 그제야 첫 책에서 무의식적으로 알게 된 내용을 깨닫게 됩니다. '어? 이건 이전에 본 건데?'라는 생각이 들죠. 조금씩 지식이 축적됩니다.

둘째, 일명 '벽돌책', 책이 두껍거나 시리즈일 때입니다. 독서 습관이 만들어지면 얇은 책은 읽기 편합니다. 금방 완독했다는 성취감도 생기고요. 하지만 책 두 권 이상 분량의 두꺼운 벽돌 책은 시작하지 않는 사람이 많습니다. 두껍지만 인생에 꼭 필요한 이야기들이 포함된 책이 많습니다. 한 번 완독한 경험이 생기면, 벽돌책 읽기가 더 이상 두렵지 않습니다. 두꺼운 책이니 조금씩 나눠 보면 어떨까요? 예를 들어, 《코스모스》는 719쪽입니다. 처음 읽을 때 타이머를 켭니다. 10분, 30분 정도 읽는다고 가정하면 자신이 읽을 수 있는 독서 속도를 측정할 수 있습니다. 10분에 10페이지를 읽는다고 가정하면, 719분이 필요합니다. 하루 10분씩 읽는다면 72일이 필요하고, 30분씩 읽는다면 약 24일이면 한 권을 읽을 수 있습니다. 하루로 쪼개 읽으면 시간이 더 필요할 뿐 벽돌책 읽는 것도 거뜬히 가능합니다.

셋째, 독서 편식할 때입니다. 아무래도 책 한 권 읽으려면 일정 시간이 필요합니다. 다양한 책을 혼자 접해 보는 건 곤란하겠죠? 이럴 땐, 독서모임에서 함께 책을 읽으면 도움이 됩니다. 혼자 선정하는 책보다 다양한 분야의 책을 만날 수 있습니다. 시간이 없으니까, 어려운 책이니까 읽는 걸 포기하는 경우가 더러 있습니다. 이럴 때 독서모임이 도움이 됩니다. 강제 효과로 읽을 수밖에 없는 환경에 머무르는 방법입니다. 또한, 차분하게 앉아서 읽을 시간이 부족할 때는 오디오북을 활용해 이동하거나 집안일 할 때 듣는 방법도 있습니다. 나이 들어 후회하지 않으려면 돈과 재테크 공부도 필요합니다. 그러니 한 달에 한 권씩 경제 경영서도 읽기를 권해 드립니다. 1년이면 열두 권입니다. 10년이면 120권 읽을 수 있거든요. 처음엔 무슨 말인지 모를 수 있지만, 한두 권 읽다 보면, 저절로 더 많이 읽고 싶다는 생각이 들지 모르겠습니다. 저는 그렇더라고요. 경제 공부는 어떤 일에 종사해도 돈과 연결됩니다. 근로소득과 사업소득, 주거 부동산, 투자, 저축 관련된 경제 공부는 인생 전공 필수 과목입니다. 피한다고 면제되는 과목이 아니거든요. 하나씩 배우고 익히다 보면, 경제 공부의 매력에 빠져들 수 있습니다.

확증 편향적인 방법으로 지식은 점점 단단해집니다. 아는 내용도 조금씩 생기고, 더 공부하고 싶은 분야도 생깁니다. 알면 알수록 모르는 게 더 많다고 느껴지기도 합니다. 모두가 알지만, 시작하기 어려울 때, 하루 10분 독서 습관, 오늘 하루 기록 습관, 3분 틈새 운동 습관, 매일 모르는 것 하나 배우는 습관부터 시작해 보면 어떨는지요. 당신이 가장 필요한 것 한 가지 또는 가장 어려워하는 것 한 가지를 골라 가장 쉽게 시작하고, 내일도 도전하는 것, 그게 습관 만들기 첫 번째 시작 단계입니다.

※ 경제경영, 자기계발, 인문과학 관련 벽돌책 소개

1. 경제경영: 대니얼 카너먼 《생각에 관한 생각》, 727p
2. 경제경영: 레이달리오 《원칙》, 711p
3. 경제경영: 리처드 탈러 《행동경제학》, 601p
4. 자기계발: 나폴레온힐 《성공의 법칙》, 916p
5. 자기계발: 토니 로빈스 《네 안에 잠든 거인을 깨워라》, 784p
6. 인문과학: 김주환 《내면소통》, 768p
7. 인문과학: 칼 세이건 《코스모스》, 719p
8. 인문과학: 존 폴 민다 《인지 심리학》 544p
9. 인문과학: 유발 하라리 《사피엔스》, 636p
10. 인문과학: 로버트 그린 《인간 본성의 법칙》, 920p

3
시작점을 찍어요

시작은 어디서 시작하든 괜찮습니다. 제가 사용하는 '비즈니스 캘린더' 어플리케이션은 달력의 시작 요일을 설정할 수 있습니다. 보통은 일요일이나 월요일부터 시작하는 경우가 많지요. 우스이 유키의 《일주일은 금요일부터 시작하라》를 읽고 나니 요일의 시작을 금요일로 바꿔봐야겠다고 생각했습니다. 일주일의 시작은 자신이 우선순위를 두는 업무를 시작하는 날을 시작 요일로 정하고, 주 후반에는 다음 주를 준비하는 시간과 한 주를 마무리하는 시간으로 활용하면 된다고 이야기합니다. 몇 주간 테스트해 보다가 저는 월요일부터 시작하는 게 맞겠더라고요. 지금 제 캘린더의 시작은 월요일입니다. 일주일 동안 계획한 일을 늦어도 일요일 밤까지 마무리합니다. 그렇게 주 단위로 주간 계획을 세우고, 실적을 점검하는 편입니다.

어떤 일을 끝까지 마무리하려면, 일단 시작점부터 찍어야 개선할 점이 보이기 시작합니다. 멘토의 조언도 자신의 시작점을 보여주어야 좀

습관은 시스템이다

더 자세한 코칭이 가능하거든요. 고등학교 입학하자마자, 성취도 시험을 본 적 있습니다. 여러 중학교에서 입학한 학생을 분류하여 맞춤형으로 지도하기 위한 첫 시험이었습니다. 고등학교 학습 수준을 결정하는 시작점입니다. 시험 결과로 우열반을 나눴던 시절이 있었습니다. 요즘 대치동 유명 학원에서 수업을 듣기 위해서는 시험을 통과해야 들어갈 수 있다고 합니다. 학원에 들어가기 위한 또 다른 학원이 있습니다. 어떤 학원이든 먼저 테스트를 거치고 시작점을 판단합니다. 그래야 선생님이 수강생에게 맞는 맞춤형 학습 지도가 가능하기 때문이죠.

타인의 기준과 나의 기준은 다릅니다. 스스로 겪어보고 자신만의 시작점이 필요한 이유입니다. 이처럼 일단 시작점을 찍으면, 나의 위치와 수준을 판단하는 데 도움이 됩니다. 수준에 맞는 습관으로 시작해야 중간에 포기하지 않고 끝까지 해낼 수 있기 때문인데요. 처음부터 열정을 갖고 수준을 지나치게 높이는 경우 금세 번아웃이 오는 부작용이 생길 수 있고, 너무 쉬운 도전은 성취감을 느끼지 못해 중단하는 경우가 생길 수 있습니다. 시작점을 찍어봐야 한 단계 수준을 높일지, 한 단계 수준을 낮출지 결정할 수 있습니다.

2018년 4월 이전까지는 블로그를 해본 적이 없습니다. 어떤 걸 써야 할지 감조차 없었고, 제 수준도 어느 정도인지 알 수 없었습니다. 그뿐만 아니라 글을 쓰면 누군가 뭐라 하지 않을지 하는 두려움이 컸지요. 시작점이 없었으니 어떤 반응도 없었습니다. 글을 써본 적 없으니 당연히 작가의 꿈조차 꾸지 않았습니다. 책은 특별하고 대단한 사람들만 쓰는 줄 알았으니까요. 글쓰기 특강을 한 번 듣고 나니 생각이 바뀌었습니다. 블로그를 시작하자고 결심한 순간이었습니다. 블로그를 시작하기 전에는 그 매력을 알 수 없었어요. 블로그를 시작하고 나니 그제야 블로그의 장점을 체감할 수 있었습니다. 일반적으로는 네이버 검색을 통해 궁금했던 걸 검색해서 찾아야 했지만, 블로그 앱을 설치하고 관심 블로거를 이웃 추가 하니 직접 찾아가지 않아도 되더군요. 블로그 앱에서는 이웃이 글을 쓰면 알람이 뜨고, 이웃 블로그 탭에서 큐레이팅 서비스처럼 편하게 글을 읽을 수 있습니다. 내가 직접 만든 지식 큐레이팅 서비스처럼 말이죠. 블로그를 통해 서로 공감하고 댓글로 소통하니 내적 친밀감도 생깁니다. 블로그 이웃이 많지 않을수록 더 힘이 되죠. 2018년에 시작한 블로그를 멈추지 않고 계속 이어가고 있습니다. 블로그는 직접 글을 발행하지 않으면, 블로그 앱에 잘 들어가지 않게 됩니다. 블로그에 글 하나라도 직접 올려야, 혹시 포스팅한 글에 반응 보이는 사람이 없나 궁금해서 자주 열어 보거든요. 그럴 때, 이웃 블로그의 글까지 읽게 되죠. 아이디어와 정보를 얻으며, 새로운 글감이 생기기도 합니다.

글을 쓸 때는 일단 연필을 들고 빈 노트에 끄적끄적 낙서와 메모를 하며 시작점을 찍습니다. 머릿속으로 생각하면 메시지 하나를 끄집어 내기가 곤란한 경우가 많습니다. 복잡하게 생각이 얽혀 있기 때문입니다. 낙서하고 메모하면 잊고 있던 사건들이 떠오릅니다. 글로 적으면 가지런하게 정리해서 다시 쓸 수 있습니다. 종이를 보고 글감 하나를 건져내고, 독자에게 도움이 될 만한 메시지를 덧붙이면 글 주제가 정해집니다. 주제가 선명하면 나의 경험을 덧붙여서 글쓰기가 훨씬 수월합니다. 물론 기획부터 해야겠지요. 제목과 목차, 주제가 정해지면, 내용을 채우기가 수월해집니다. 시작점이 있느냐 없느냐에 따라 글의 구성과 분량 채우는 속도도 달라집니다. 1장부터 초고를 써야겠지요. 초고도 책의 시작점이라 볼 수 있겠네요. 40개 꼭지 분량을 하나씩 채워 갑니다. 초고가 완성되면 이제 퇴고 과정을 몇 차례 거쳐야 하죠. 정리된 원고를 출판사에 투고합니다. 출판사와 계약이 되면 편집 및 디자인 과정을 거칩니다. 완성된 디자인으로 인쇄를 하면 한 권의 책이 완성되지요. 책을 쓰는 작가의 첫 행동은 대부분 끄적거리는 낙서와 메모라는 행위로 시작합니다.

시작점은 재테크의 기준점이 되기도 합니다. 투자는 겪어봐야 알수 있거든요. 남들이 아무리 좋다고, 나쁘다고 하더라도 감이 잘 안옵니다. 집을 매수할 때도 기준가가 없으면 비싼지 싼지 알 수 없습니다. 이사하고 싶은 집이 있다면 집 하나를 보는 순간 그게 시작점입니다. 그리고 다른 집을 보면 두 개를 놓고 비교할 수 있습니다. 더 좋은지, 더 나쁜지 말이죠. 세 번째 집을 보면 또 첫 번째와 두 번째 집이 시작점이 됩니다. 그러면 첫 번째, 두 번째와 세 번째 집을 비교할 수 있습니다. 더 좋은지 나쁜지는 주관적인 판단이더라도 자신만의 기준에 신뢰가 생깁니다. 집을 고르는 습관도 시작점부터 찍는 습관이 필요합니다.

본격적으로 주식을 매수하기 전에 일단 한 주를 사는 습관이 있습니다. 지금 주가가 비싼지 싼지 초보 투자자는 판단하기 어렵거든요. 전문가가 추천한 종목이라 할지라도 직접 겪어봐야 알겠더라고요. 슈퍼개미의 투자와 일반 개미가 투자하는 종목은 섹터가 같아도 선택지가 다양합니다. 한 주만 딱 사봅니다. 전문가 의견이 100% 정답은 아닐 수 있으니 공부하는 셈 치고 한 주만 삽니다. 시작점을 찍으면, 하루, 이틀, 일주일, 한 달 정도 지나면 매수한 주식을 싸게 산 건지 비싸게 산 건지 쉽게 확인할 수 있습니다. 주식은 내 돈이 들어가 있으면 바로 공부가 됩니다. 주식 한 주 사는 습관이 시작점을 찍는 습관입니다. 처음 샀던 주가가 마이너스로 전환하면, 좋은 종목을 더 싸게 매수할 기회로 삼으면 됩니다. 만약 한 주 샀지만, 플러스로 수익률이 났다면, 이미 오른 주식이므로 더 이상 매수하지 않고 다음 기회를 엿보면 됩니다. 기회가 다시 오는 경우가 많았습니다. 장기 투자를 위해서라도 시작점을 일단 찍어봅니다.

　무인 로봇 청소기를 처음 사서 작동을 시키면 집안을 구석구석 센싱하며 돌아다닙니다. 집 구조와 물건의 위치가 다르므로 최초로 움직일 때는 로봇조차 테스트 과정을 거칩니다. 최적의 청소 경로를 발견하기 위해서는 어설퍼도 여기저기 돌아다니며 스캔하면서 시작합니다. 처음부터 완벽할 수 없지요. 몇 번의 청소를 거치면서 최적 경로를 찾습니다. 우리 목표도 마찬가지입니다. 시작점을 일단 찍고 자신에게 맞는 최적 코스를 찾아가는 단계가 필요합니다. 완벽한 시작점이 아니어도 괜찮습니다. 그다음 최적화된 습관을 만들기 위해 조금씩 맞춰가면 됩니다. 어떤 일이든 시작점이 있어야, 되돌아볼 수 있고, 전과

습관은 시스템이다

비교해 볼 수 있고, 변화를 측정할 수 있습니다. 그게 바로 남과 다른 나만의 기준점입니다. 자신의 수준에 맞춰나간다면 꾸준한 습관이 오래 갑니다.

4

돌아가도 괜찮습니다

일단 시작하라니 시작점은 찍었는데, 잘못된 길이라면 어떻게 해야할까요? 저도 항상 고민에 빠집니다. 과연 이게 맞을까? 한 우물을 파면 되는 걸까 하면서요. 그럼에도 일단 시작해 보는 편입니다.

블로그에 일상의 고민과 문제 해결 방안에 대한 독서와 생각 기록을 남겨보고 싶었습니다. 매일 새로운 걸 배우는 건 신나는 일입니다. 배운 걸 정리하는 차원에서 블로그에 공유하니 블로그 이웃과 지인이 댓글도 남겨 주고, 공감해 줍니다. 포스팅하는 재미가 생깁니다.

누군가처럼 키워드 검색 노출, 통계 기반 블로그 노출은 생각하지도 않았습니다. 개인적인 공부 기록용으로 운영했거든요. 수익화 생각도 없었어요. 노출되지 않아도 전혀 상관이 없었습니다. 사실 직장에 다니고 있던 시기라 노출되지 않도록 오히려 조심했다고 할까요. 매일 경제 뉴스 기사를 읽고, 관심 분야도 정리했습니다. 뉴스에 나온 보도

자료 원문을 찾아 정리하고, 공유하기도 했습니다. 스타벅스가 생기면 '스세권'이라고 불리며 주변 지역 상권도 활성화된다고 배운 적이 있습니다. 주변에 생긴 스타벅스를 조사하기도 했죠. 공공도서관, 초중고등학교 학생 수를 비교하며 학군지도 비교하면서 왜 학생 수가 줄어드는지고 질문을 던져보고, 고민을 해보기도 하고요. 재래시장 방문을 좋아해서 인근 동네 재래시장을 지도에 표시하기도 합니다. 코로나 상황에서는 약국별 공적 마스크 배포 시간에 맞춰가야 마스크를 살 수 있었던 시절, 마스크 판매 약국을 찾아 구글 지도에서 찾아볼 수 있도록 만들어 공유한 적도 있습니다. 아무 목적 없이 매일 아침 독서 기록과 직접 공부한 내용으로 블로그를 채워 나갔습니다.

2021년부터 주식 투자에 관심이 생겼습니다. 주식 책을 읽고, 공부한 결과를 블로그에 포스팅했습니다. 성격상 사람을 만나 협조를 구하거나 전화하는 상황이 편치 않습니다. 사람과 접촉이 필요한 부동산 공부보다 자연스레 혼자 공부할 수 있는 주식 분야에 관심이 생기더군요. 매일 공부하고, 기록하고, 조사하는 행위는 부동산 공부하는 습관과 다르지 않았습니다.

블로그를 통해 인플루언서를 꿈꾼다면 한 가지 분야로 전문적인 글 포스팅이 필요합니다. 초창기 노출 자체를 꺼렸기 때문에 인플루언서를 목표로 하진 않았습니다. 깊이 있는 주제로 하나만 포스팅할 이유가 없었죠. 네이버에는 '서로이웃' 기능이 있습니다. 처음 블로그를 시작하는 사람은 서로이웃 기능을 활용하기도 합니다. 오 천명까지 서로 이웃으로 이웃을 늘릴 수 있거든요. 제 경우에는 그 기능도 끄고 블로그를 운영했었어요. 그러니 블로그 이웃 수는 오 년이 지났음에도 천명 정도에 불과했습니다.

책을 써서 작가가 되기로 했습니다. 그제야 블로그 이웃 수가 적은게 슬슬 걱정됩니다. 출판사는 책 판매량에 신경을 쓰는 곳이니까요. 책을 써도 홍보와 노출이 잘 안되는 평범한 사람의 책을 어떤 출판사가 계약을 해줄지 의문이 있는 상태였거든요. 그때부터 발등에 불이 떨어졌던 것 같습니다. 퇴사를 앞두고 좀 더 적극적인 SNS 활동을 펼쳤습니다. 저를 좀 더 알려야 했죠. 노출을 방치한 탓인지, 블로그가 저품질에 걸렸는지 글을 아무리 써도 네이버에서 글이 보이지 않더라고요. 검색해도 조회가 안 됩니다. 감사하게도 책 출간할 때는 출판사는 크게 문제 삼지는 않았습니다. 덕분에 첫 번째 책 출간은 무사히할 수 있었습니다. 제가 쓴 책이 좀 더 많은 독자에게 다가갔으면 하는 마음으로 책이 나온 후 인스타그램 계정을 만들었습니다. 블로그와 달리 인스타그램은 빠른 소통과 공유를 할 수 있더군요. 어떻게 운영해야 할지 몰라 일단 계정부터 만들고 며칠 지켜보았는데요. 벤치마킹하고 싶은 계정을 찾아 인스타그램 피드에서 알려주는 정보들을 토대로 계정을 키우기 시작했습니다. 블로그 5년 만에 서로이웃 없이 이웃을 천명 정도 맺었다면, 인스타그램에서는 맞팔 없이 1년도 되지 않아 팔로워가 천 명을 넘어설 수 있었습니다. 인스타그램을 통해 블로그 링크를 연결하여 블로그 이웃을 좀 더 늘릴 수 있었습니다.

조기 퇴사 후 책 쓰기 수업을 하는 라이팅 코치 활동을 시작했습니다. 두 번째 책도 출간했어요. 블로그에 쌓아 둔 글이 오천 개가 넘었습니다. 그럼에도 여전히 콘텐츠를 발행하면 네이버에서 검색되지 않았습니다. 홍보가 점점 더 필요한 상황인데 말이죠.

잠실 교보문고에서 독서모임 회원인 로드북맨님을 만났습니다. 자기계발, 경제경영서 코너를 소개하고 인근 카페로 자리를 옮겼죠. 로드북맨님은 블로그로 수익을 내기 위해 체계적인 운영을 시작했다고 합니다. 제가 운영하는 블로그가 검색이 잘 안된다고 고민을 꺼냈습니다. '블렉스' 사이트에서 저의 계정 주소를 입력하고, 블로그 지수를 조회해 보더군요. 블로그 지수는 열다섯 개 등급이 있는데요. 일반부터 준최 1~7, 최적1~3, 최적 1+~4+단계로 나뉩니다. 일반등급으로 나왔습니다. 최하위. 지수가 낮은 저품질 블로그랍니다. 블로그에 글을 써도 검색되지 않는 이유처럼 보였습니다. 블로그 계정을 만든 지 약 5년이 지났을 무렵부터 그 계정에 처음 글을 쓰기 시작했었습니다. 오래 방치했거나, 잘못 운영해서 그럴 수 있다고 합니다. 새로운 계정을 만드는 게 더 빠를지 모르겠다며, 다시 시작해 보라는 조언을 해주었습니다.

저로선 중대한 결정을 해야 했습니다. 새로운 블로그를 만들까 말까 수십 번 고민만 하다가 기존 블로그를 유지하고 있었거든요. 저 자신에게 질문을 던졌습니다. '앞으로 살아가면서 평생 책을 쓰고 책 쓰기 수업할 예정이라면 더 많은 사람에게 알릴 필요가 있지 않을까?' '지난 6년보다 앞으로 50년 이상 블로그 할 거면, 지금부터 제대로 하는 게 좋겠지?' 앞으로 살아갈 날이 블로그 운영해 온 그동안의 기록보다 훨씬 길다는 사실을 확인하니 결정이 쉬워졌습니다. 매일 쓰는 포스팅하는 습관은 지난 6년간의 블로그에서 장착되었습니다. 앞으로도 글을 새로이 쌓아 가는 일은 문제가 아니었습니다. 평생 쓰겠다고 마음먹은 순간, 새로운 블로그를 개설하기로 결단을 내릴 수 있었습니다. 여전히 오늘도 매일 글을 씁니다. 2023년 10월을 기준으로 새로 활동을 시작한 블로그에서 말입니다. 새로운 블로그를 개설한 지 6개월이 지날 무렵 블로그 지수는 준최 4등급이 되었습니다. 6개월 만에 로드북맨님을 오프라인에서 다시 만났습니다. 조언 덕분에 새로 블로그를 개설하게 되었다고 이야기했습니다. 블로그 지수가 올라갔다고 자랑도 하고요. 제가 본인보다 더 자주 포스팅하지만 블로그 지수가 자신보다 낮은 게 이상하다며 다시 확인해 보라고 합니다. 그럼에도 저는 괜찮다고 했습니다. 일반에서 4단계나 올라간걸요.

2024년 10월에는 준최 7등급이 나왔습니다. 책 관련 서평을 올리면 노출이 됩니다. 새로운 블로그를 보고 강서N 똘레랑스 기자단을 위한 글쓰기 수업을 해줄 수 있냐고 강서구 담당자로부터 메일을 받았습니다. 제가 쓴 글이 더 많은 사람에게 도움을 주는 글이라고 생각하니 더 고민하고 더 좋은 정보를 제공해야 한다는 책임감도 느껴집니다. SNS를 운영하는 목적에 따라 접근 방식은 다를 수 있겠지만, 저의 독서와 글쓰기 경험을 이웃들에게 전달하는 블로그로 키워나가고 싶습니다. 조금씩 제 글들이 특정한 시간과 온라인 눈 공간의 환경에서 새로운 시절인연(時節因緣)이 늘어감에 감사하고 있습니다.

목표를 향해 나아가는 인생 여정에서 때론 방향을 틀어야 할 때가 있습니다. 이러한 순간이 오더라도 성장에 결코 시간 낭비였다고 보기 어렵습니다. 우리의 위대한 목표는 바뀌지 않았으니까요. 지금껏 시도했던 수많은 경험과 노하우는 새로운 여정을 위한 빠른 성장의 밑거름입니다. 새로운 길에서 속도를 높여줄 겁니다. 당연히 소요 시간도 줄어들겠죠. 만약 예상치 못한 방향으로 흘렀다는 판단이 들어 돌아가야 한다는 결정이 내려진다면, 과감하게 돌아가도 괜찮습니다.

5
누구와 함께 시작할 것인가

네이버 국어사전에 따르면 '습관'이란 어떤 행위를 오랫동안 되풀이하는 과정에서 저절로 익혀진 행동 방식입니다. 특히 독서, 건강식, 운동, 공부, 생활 습관 등 좋은 습관으로 평생 가져가면 좋은 것들입니다. 좋은 습관을 하나라도 성공적으로 장착할 수 있다면 자존감과 성취감이 생깁니다. 일어나서 침대부터 정리하는 습관, 매일 아침 명상하는 습관, 독서하는 습관, 물 한 잔 마시는 습관 등 책에서 보고 따라 해보는 습관은 매일 혼자 하려고 해도 포기하거나 잊어버리고 못하는 경우가 있습니다. 며칠 정도 그냥 지나치다 보면 일상에서 흔적도 없이 사라질 때가 많았죠. 이럴 때는 습관이 몸에 익을 때까지 혼자보다는 가치관과 철학이 비슷한 동료 조력자가 함께하는 환경을 만들어 봅니다. 단 한 사람의 동료 조력자만으로도 오래갈 가능성이 커지거든요.

처음이라 좌충우돌을 겪을 때 누군가 옆에서 도움을 줄 수 있다면

습관은 시스템이다

버티는 힘이 더 생깁니다. 멘토나 강사, 코치, 선생님, 선배 등 직접 나에게 알려줄 수 있는 사람과 직접적인 소통 관계를 유지할 수 있다면 좋겠지만, 추가 비용이 들어가거나 상하관계로 인해 선뜻 소통하기가 어려울 수 있습니다. 무언가 시작할 때일수록 존경심을 갖는 사람보다 지금 나와 비슷한 수준의 수평 관계 동료 조력자와 함께하는 걸 추천합니다. 오히려 고민도 쉽게 털어놓을 수 있고, 윗사람에게 물어보기 민망한 질문도 동료에게는 쉽게 물어볼 수 있습니다. 공감할 수 있는 관계이자 동반 성장하는 관계입니다. 과거, 현재, 미래의 사회적, 정치적, 지리적, 기술적 환경이 모두 다릅니다. 또한 이미 앞서 나간 사람들과 시작하는 단계에서 시간적으로도 차이가 납니다. 이러한 같은 상황에서 함께 고민하고 해결 방안을 허심탄회하게 찾아볼 수 있는 동료와 함께라면 멀리, 그리고 오래갈 수 있습니다.

재테크 강의를 듣기로 했는데 아무도 아는 사람이 없었습니다. 물어볼 때도 없었죠. 첫 수업에서 조를 편성해 주었습니다. 같은 수업을 들은 수강생들이지만, 처음 본 낯선 사람들이었습니다. 내향적인 성격이라 더 소극적이었고, 동료가 미라클모닝을 함께 시작하자고 내밀어 준 손조차 거절하던 시기였습니다. 5주짜리 수업을 진행하는 동안 동료 조력자를 만나지 못했습니다. 사실, 동료의 중요성을 당시엔 몰랐습니다. 수업 종강 후에 두 달 프로젝트로 기록 인증을 남겨 성공한 사람들만 한 번 더 모였습니다. 강사를 다시 볼 수 있는 기회였죠. 주변 사람들보다는 강사에게 한 마디라도 더 물어보고 조언을 듣는 데 집중했지요. 두 시간 모임 동안 강사와는 한 마디 질문과 대답이 전부였습니다. 강사에게만

의지하고자 했다면, 중도 포기하고도 남았을 겁니다.

재테크 강의 후 뒤풀이 모임에서 같은 테이블에 앉은 사람 간에 주고받은 대화에서 오히려 배울 점이 더 많았거든요. 수업 종강 후 한 명이 해당 기수 오픈채팅방을 만들었고, 저도 초대해 주었습니다. 그 방은 제가 재테크 공부를 꾸준히 할 수 있게 해준 동료 조력자들이 모인 방입니다. 이후 한 달에 한 번 강남역 카페에 오전 7시에 모여 독서모임을 하기도 하고, 고민과 소식을 주고받는 시간이 늘 기대되는 시간이었습니다. 동료 조력자가 있으니 궁금한 게 있으면 쉽게 물어볼 수 있었습니다. 서로의 자리에서 각자만의 스타일로 공부를 오랫동안 하다 보니 저마다 관심 분야가 나눠지기도 합니다. 공부의 깊이도 깊어지고, 재테크를 바라보는 통찰력도 길러졌습니다. 동료 조력자는 서로 경쟁하는 관계가 아닙니다. 동료 조력자는 서로 믿어주고, 아껴주고, 배려하고, 친절하며, 보살펴 주는 관계입니다. 부러워서 시기 질투하는 관계가 아닙니다. 동료의 성공과 축하를 진심으로 부럽다고 말해줄 수 있는 관계입니다. 그들 중 몇 명과는 온라인에서 소통하고, 가끔은 오프라인에서도 종종 만남을 이어갈 때도 있습니다. 동료 조력자에서 함께 시작했을 뿐인데, 이제는 한 분야의 전문 코치가 되어 강사 활동을 할 수준에 이르렀습니다. 각자의 성장과 배움을 지지하고 응원해 준 결과입니다.

함께 시작한 동료라도 성장 속도, 열정, 성향의 차이로 관계가 흔들릴 수 있습니다. 이는 우리가 상대에게 지나치게 큰 기대를 걸었거나,

한쪽이 손해를 본다는 느낌이 들기 때문일지도 모릅니다. 때로는 동료와의 관계가 평생 지속되길 바라지만, 개인적인 이유로 상대가 멈추고 싶어 하는 순간이 찾아오기도 합니다. 혹은 상대가 매력적인 존재임에도 불구하고, 내가 힘들어 멈추고 싶은 경우도 생기고요. 관계가 깊어질수록 상처를 받거나 점점 소극적으로 변하는 자신을 발견할 때도 있습니다.

걱정하지 마세요. 과감하게 혼자 남았을 때도 문제없이 버티고 견딜 수 있도록 마음의 준비가 필요합니다. 만일 동료 조력자가 먼저 포기하면 상관없습니다. 왜냐하면 다시 새로운 동료 조력자를 만들 수 있으니까요. 시간이 걸릴 수는 있겠지만 상황을 객관적으로 바라보아야 합니다. 스스로 포기만 하지 않는다면, 다른 동료 조력자를 또 만나고 계속 성장해 나갈 수 있습니다. 세상은 생각보다 자신과 비슷한 사람들이 많습니다. 우리가 스스로 찾아 나서지 않았을 뿐입니다. 자신만의 도전과 배움, 정성을 성실하게 공유하며 성장하고 있다면, 누군가 함께 하자고 찾아오기도 합니다. 그러니 누구와 함께 시작하더라도 나는 멈추지 않는다는 의지만은 간직하시길 바랍니다.

제가 지난 8년간 꾸준하게 스스로 챌린지를 시작한 계기는 바로 '유료 독서모임'에 참여했기 때문입니다. 재테크 관련 유료 강의부터 시작했었죠. 하지만 재테크 유료 강의에는 다른 목적으로 참여하는 분들이 많습니다. 가능하면, 자기계발, 재테크 경제 분야 유료 독서모임을 권하고 싶습니다. 유료 독서모임은 보이지 않는 신뢰를 쌓을 수 있었습니다. 독서모임에 유료로 참여한다고 놀라는 분이 있을지 모르겠습니다. 그래서 권해 드립니다. 그만큼의 가치를 내고 오는 사람이라면, 당신과 비슷한 배움의 욕망이 있는 사람이라는 걸 알 수 있습니다. 같은 책을 다르게 해석하는 과정을 통해 나와 철학이 비슷한 사람을 만날 수 있죠. 내게는 없는 장점이 있는 동료를 만나기도 합니다. 기회의 장이죠. 거기서부터 시작해 보기 바랍니다. SNS를 공유하면서 서로 응원하며 성장해 나가자고 먼저 제안해 보는 건 어떠신가요? 당신이 먼저 응원해 준다면, 그도 당신을 응원해 줄 겁니다. 타인을 먼저 도우면, 당신은 멈추지 않고 계속해 나갈 수 있습니다.

연필과 지우개, 키보드와 마우스는 서로 다른 기능을 수행하지만 동료 조력자와 같은 짝꿍 관계입니다. 연필은 어떻게 하면 더 잘 지워지지 않을까, 고민하고, 지우개는 어떻게 하면 흔적 없이 쉽게 지울 수 있을까 연구해야 합니다. 키보드는 마우스 없이 화면에 글자와 기호를 입력할 수 있게 만들고, 마우스는 키보드로 부족한 기능을 쉽게 움직일 수 있는 기능이 필요합니다. 짝꿍이기에 함께 있으면 그 쓸모가 더 효과적입니다. 나는 나대로, 동료 조력자는 동료 조력자대로의 각자의 임무를 수행하면 충분합니다. 일단 시작하는 단계부터 존재만으로도 든든한 동료 조력자가 있다면, 함께하는 즐거움이 당신을 변하게 만듭니다.

6
누굴 챙겨볼까?

한 가지만이라도 꾸준히 실천하고 싶은 마음을 가지고 있습니다. 스스로 습관을 잘 지키고 이뤄내고 싶지만, 마음대로 안 되는 경우가 많습니다. 아이디어가 떠올랐습니다. 바로 '책임'을 통해 꾸준함을 만들어내는 방법입니다. 밥 프록터의 《부의 확신》에 나온 이야기를 들려드릴게요. 밥 프록터는 자신을 존경하는 사람을 '책임조력자'로 정했어요. 그 사람 앞에서 다짐했죠. "내가 이 일을 할래." 그 후, 자신의 목표를 증명하기 위해 선언한 내용을 실행으로 옮깁니다. 창피하지 않도록 성공을 자기의 말에 책임을 졌습니다. 책임조력자의 눈에 비칠 자기 모습을 상상하면서요. 책임조력자는 나보다 어린 사람이거나 내가 모범을 보여주어야 하는 자녀나 조카로 정해 보는 건 어떨까요?

개그맨이자 사업가인 《고전이 답했다 마땅히 살아야 할 삶에 대하여》를 쓴 고명환 작가의 '세바시' 영상을 우연히 보았습니다. 시작하자마자 "자신을 구하는 유일한 길은 남을 구하려고 애쓰는 것이다"가 ㄴ

타났습니다. 니코스 카잔타키스의 《그리스인 조르바》에 나오는 문장이에요. 이야기를 이어갔습니다. 그는 고향인 상주 축협에서 특강요청을 받았다고 해요. 상주의 미래가 '상주 한우'에 달렸다며, 상주 한우 홍보가 필요한 상황이었는데요. 차를 운전해 내려가면서 상주 한우에 대한 브랜드를 만들어 주자는 생각을 문득 떠올렸습니다. 12초 만에 창의성을 발휘했죠. '상(賞, 상줄 상)주는 한우, 잘 키워서 상주는 한우, 맛있어서 상주는 한우'를 만들었습니다. 특강에서 축협 직원들의 기립 박수를 받았답니다. 그는 자신의 사업을 위한 아이디어를 떠올리고자 했다면 그런 아이디어를 떠올리기 어려웠을 거라고 말했습니다. 남을 위하니, 자신의 가치도 올라갔다고.

저는 마흔 이전에는 조용하게 살아가는 평범한 직장인이었습니다. SNS에 댓글조차 남기지 않던 사람이었죠. SNS는 계정만 있었고, 글을 한 번도 남겨보지 않았죠. 온라인에서 다른 사람과 교류가 없었습니다. 재미보다는 정보를 취하려고 검색만 하던 시절입니다. 필요한 정보를 검색해서 얻을 수 있었습니다. 온라인에 이런 정보를 남겨주는 사람들이 고마웠죠. 하지만 공감도 댓글도 남기지 않았습니다. 책임질 일이 없으면 흐지부지 무산되는 경우가 많습니다. 직장 생활과 일상에서 가족들 챙기느라 바쁘니, SNS를 들여다볼 시간도 없었고, SNS는 ' 시간 낭비라고 생각하며 관심조차 없던 시절로 보냈습니다.

누구를 챙겨줘야 할 때부터 태도가 달라지더군요. 멈 해내는 능력이 생기기 시작했죠. 그건 바로 SNS를

습관은 시스템이다

시작하면서입니다. SNS를 할 때는 댓글을 꼭 남기려고 합니다. 고맙다는 인사의 댓글 하나, 이모티콘 하나, 공감, 이웃 추가 등 적극적인 활동을 하고 있죠. 댓글을 먼저 남기면, 상대방도 내 글에 댓글을 남겨주는 경우가 생깁니다. SNS에서 꾸준하게 살아남으려면 댓글부터 남겨야 한다는 사실을 깨달았습니다. 계속 읽고 싶은 글을 창작하는 사람에게 공감 버튼을 누르고 댓글을 남깁니다. 이 결과는 그들도 오랫동안 살아남을 수 있고, 저도 그들에게 도움을 받으며 SNS를 즐길 수 있는 비법이었습니다.

팀 페리스의 《타이탄의 도구들》에 나오는 도구 중 10초 수련법이 있습니다. SNS 할 때 한번 장착해 봅니다. '이 사람 행복해졌으면 좋겠다!'라는 마음이죠. 10초 생각하면서 댓글을 남깁니다. 그러자 제 입가에 미소가 번집니다. 제비뽑기 등을 통해 친구의 수호천사가 되어주며 상대에게 들키지 않는 마니또 놀이 기억하세요? 힘들어하는 글을 볼 때 슬며시 다가가 댓글 남깁니다. 방긋 웃을 수 있게요. SNS 이웃이 궁금하다는 질문이 보이면, 슬며시 댓글로 제 생각을 남기는 것, 내 글에 댓글을 써주지 않아도 SNS에 글을 남기는 행동을 합니다. 마니또 놀이의 끝은 "내가 당신의 마니또야"라며 편지와 선물을 증정합니다만, 저는 SNS나 오픈채팅방에 제가 선정한 마니또는 공개하지 않습니다. 그저 저 혼자 댓글과 공감을 남길 뿐이죠.

누군가를 챙기자는 마음이 생기면 먼저 스스로 공부하고 배웁니다. 재테크 카페에서 서포터즈를 하던 시절 하루에 하나씩 지역 소식을 전하기로 했어요. 그러기 위해서는 지역에 관한 공부를 제가 먼저 해야 했습니다. '다른 지역 사람들은 어떤 것들이 궁금할까?' 저에게 질문부터 했습니다. 예를 들면, 송파구로 이사 온다면 직장 근처에 있는 아파트, 아이들 학교가 어디에 있는지 궁금해할 것 같았어요. 송파구에 있는 대기업과 초중고등학교 위치를 찾아 공유했습니다. 재래시장은 어디로 갈까요? 저도 재래시장과 마트를 좋아하거든요. 송파구에 있는 재래시장을 모조리 찾아봤습니다. 안 가본 시장도 있었습니다. 도서관과 극장은 어디에 있으며, 대형 병원은 어디에 있는지 검색합니다. 5년을 송파에서 살았지만 제대로 공부해 본 적은 없었던 것 같네요. 늘 가던 곳만 가고, 우리 동네를 벗어나는 일도 많지 않았으니까요. 조금씩 지역을 확장해서 강동구, 강남구, 서초구까지 확대합니다. 찾아보고 비교 정리해서 블로그와 카페에 글을 올렸습니다. 처음부터 잘 알고 시작한 건 아니었지만, 서포터즈 활동 덕분에 다른 사람들에게 알려줘야겠다는 생각으로 시작하게 된 게 도움이 되었습니다. 오히려 제가 더 많이 공부하고 배우는 시간이었다는 걸 나중에 깨달았죠. 다른 서포터즈들과 교류도 시작했습니다. 서로에게 아이디어를 얻습니다. 각자 자기들만의 지역 공부를 6개월 정도 꾸준히 했습니다. 모두 자신이 정했던 지역의 전문가가 된 듯합니다. 누군가를 돕기 위해 시작한 결과입니다. 매일 하나씩 알려주는 글을 발행하자며 다짐했었죠. 누군가 내 글을 읽으려고 기다릴지 모른다는 착각이 들기도 합니다. 이 착각은 아무리 바빠도 끈을 놓지 않고 공부한 걸 나눌 수 있게 해주었습니다.

습관은 시스템이다

현재 저는 평단지기 독서클럽을 운영하고 있습니다. 오늘 계획을 아침마다 정해도, 오후만 되면 잊어버리곤 합니다. 대책이 필요했습니다. '다른 사람들과 목표를 공유하면 어떨까?' 함께 독서하는 사람들의 목표도 챙겨주고, 저도 목표를 잊지 않는 방법이라는 생각이 들었습니다. 다른 사람을 먼저 챙기기로 하니, 저도 챙길 수 있었습니다. 리더니까 모범을 보여야 하잖아요. 그들에게 실망을 안겨줄 수 없기 때문이죠. 매일 아침 8시에 오늘 목표를 공유하고요, 밤 10시에 목표 달성 여부를 확인하는 습관 시스템을 만들었습니다. 매일 아침 오늘 우선순위를 정할 수 있었고, 반드시 해낼 수 있도록 환경이 만들어졌죠. 멤버들과 서로의 목표를 공유하면서 그들이 제게 실망하지 않도록 책임감을 느끼며 행동해 나가는 중입니다. 이 과정에서 저도 목표에 집중하고 오늘 계획대로 꾸려나가게 되었고요. 제가 잊고 있던 목표는 다른 사람이 남긴 카카오톡 알림 덕분에 한 번 더 확인합니다. 목표를 잊지 않고 성공할 수 있는 습관 중 하나죠. 서로의 성장을 끌어당겨 주는 연결고리가 됩니다. 저와 그들이 성장하는 발판을 만들었습니다.

타인을 먼저 챙길수록 당신이 더 꾸준해질 수 있습니다. 타인을 먼저 챙기면 당신이 더 배웁니다. 타인을 책임지면 당신이 더 성장합니다. 책임지는 리더로 나설 때, 또 다른 리더들을 만나는 기회도 생깁니다. 그들도 당신과 똑같은 마음으로 그 자리에 온 사람들이기 때문입니다. 당신의 성격과 더 어울릴지도요. 리더는 한번 해보고 싶다는 약간의 의지만 있으면 시작해도 됩니다. 자리가 당신을 바꾸게 해주니까요. 내가 아닌 타인을 구하고, 도와줄 때 당신의 시작은 멈추지 않습니다. 한계가 느껴져서 습관이 무너질 때일수록 당신이 누군가를 챙겨야 할 기회의 순간입니다. 꾸역꾸역 성공하는 하루는 당신의 선택에 달려있습니다. 오늘도 저는 SNS 마니또에게 댓글을 남깁니다.

7

온리 원, 10년 후

"시간 언제 되세요? 얼굴 봐요, 우리~"

2022년 8월부터 인스타그램에서 책으로 동기부여, 열정을 나눠 준 이혜로움님과 2년 만에 만나자는 제안을 했습니다. 2년 전에 한 번 제 안했었지만 만나지 못했습니다. 다시 만나고 싶은 생각이 들어 DM을 보냈습니다. '어디서 만나면 좋을까?' 고민하다가 가고 싶은 곳이 어딘 지 물어봅니다. 가고 싶었던 곳, 자연이 가까운 카페, 늘 도시를 벗어 나는 게 소원이라고 하네요. 문득 장소가 생각났습니다. 그랜드하얏트 호텔 커피숍. 호텔 커피숍에서 만나자고 하면 상대도 특별한 대우를 느낄 것 같았죠. 거절하지 않을 거란 자신감이 생겼습니다. 2년 동안 인스타그램에서 도움을 받은 터라 감사한 마음도 전하고 싶었고요. "오~ 드됴 호텔 커피숍! 좋아요!"라고 DM이 왔습니다.

"인스타그램 처음 시작할 때는 롤 모델을 먼저 찾아라, 그리고 팔로워들과 소통해야 한다."

2022년에 인스타그램 계정을 만들었습니다. 도대체 인스타그램을 어떻게 해야 하는지 몰랐죠. 네이버 검색창, 구글 검색창에서 인스타그램에 대한 검색을 시작했어요. 검색하여 내린 결론은 바로 롤 모델 찾기와 소통이라는 키워드였습니다. 인스타그램은 넓은 대양과 같습니다. 바다 가운데 빠져 있는 느낌이었죠. 여기가 어딘가 혼란스러웠는데요. 첫 책을 출간할 무렵, 인스타그램 계정을 만들었습니다. 글이 아무것도 없는 상태의 계정에서는 인스타그램 알고리즘은 이것저것 저에게 사진이나 영상을 보여줍니다. 강아지, 고양이 사진, 미모의 여성, 멋진 근육 남자, 춤추는 사람들, 노래하는 사람들 마구잡이였죠. 처음 가입할 때 프로필에 적어 둔 나이, 성별, 지역 등 제가 입력하는 정보를 기반으로 알고리즘이 동작한 듯 보입니다. 그럴 때 롤 모델을 검색해서 팔로우하면, 인스타그램은 자동으로 알 수도 있는 사람, 관련 있는 키워드를 중심으로 그제야 여러분의 관심 분야를 연결하기 시작합니다. 제가 좋아하는 취미나 자신이 주력으로 하고 싶은 주제에 관련 사진을 적어도 세 장 정도 올렸습니다. 관심 분야 해시태그도 찾아서 팔로우로 추가했죠.

책이 출간되니 홍보가 필요했습니다. #책스타그램, #독서스타그램, #북스타그램 해시태그를 저의 관심분야로 정했죠. 제가 읽은 책 사진을 몇 장 올렸습니다. 알고리즘이 작동합니다. 읽은 책과 비슷한 책이 피드에 보이기 시작합니다. 검색 탭에서도 책스타그램, 독서스타그램,

북스타그램을 입력합니다. 여기도 책으로 바뀝니다. 인스타그램이 알려주는 피드와 릴스에서 관심이 가는 계정을 클릭해서 보다 보니 @like2hye 계정입니다. 한 달에 스무 권 이상 책 읽는 이혜로움이란 계정이더군요. 피드는 깔끔한 디자인으로 가독성 있게 정리되어 있고, 큼직한 폰트로 적힌 제목들이 제 눈길을 사로잡았습니다. 이혜로움 계정을 인스타그램 롤 모델로 삼았습니다. 매일 올라오는 피드들을 보면서 저도 하나씩 비슷한 형태의 디자인으로 만들어 봅니다. 고유 색도 정하고, 폰트도 고딕체와 명조체를 구분해서 사용했습니다. 인스타그램 피드에서 그런 정보를 하나씩 정리해서 알려주었기 때문입니다. 처음 인스타그램을 시작한 저로서는 은인이 따로 없습니다. 꾸준히 오랫동안 하기 위해서는 나다움으로 승부를 걸어야 한다는 메시지도 꾸준히 말합니다. 알람 설정까지 해두고 올라오는 피드를 항상 지켜봤습니다. 인스타그램 바다에서 빠진 저를 배에 태워주신 선장 같았거든요. 책을 보고 공부하거나 검색을 통해 노력해서 찾아야 하는 인스타그램 운영 팁이었어요. 댓글을 안 남길 수 없었습니다. 다정한 댓글로 하나씩 답글을 달아주시니 더 친밀감이 생기는 느낌이 들었습니다.

"어쩜 저랑 비슷하세요, 이혜로움님! 책 읽는 시간은 흩어진 시간 보물을 찾는 것부터죠. 늘 책과 사는 삶 너무 좋아요."

"맞아요, 맞아요! 틈바구니 시간을 찾아 읽는 것으로도 작정하는 것 이상으로 좋은 습관을 들일 수 있더라고요! 윤정님, 역시 책 읽기 경험이 많으셔서."

인스타그램 롤 모델이던 이혜로움 계정을 팔로우할 당시에는 그녀는 3천 팔로워가 있었습니다. 2024년 11월 기준으로 다시 확인해 보니 3.4만 팔로워를 보유하였고, 책 계정 대신 '나로 사는 즐거움, 사유 크리에이터'로 활동 중입니다. 2년 만에 만난 롤 모델과 첫 만남에서 약 200분, 즉 세 시간 이십 분이나 신나게 떠들었습니다. 오프라인에서 처음 만났는데 말이죠. 책으로 범벅된 삶을 살고 있는 인스타그램 친구와의 소통 시간이었습니다. 헤어질 때가 되니, 이혜로움님이 자주 만나 달라는 말을 건넸습니다. 저도 웃으며 "다시 봐요"라고 답했습니다.

비슷한 시기에 인스타그램을 시작했던 다른 사람들이 일부 보이지 않습니다. 끝까지 살아남으면 온리 원이 될 가능성이 있습니다. 생각보다 시작은 잘하는데, 오래가는 사람이 적습니다. 조급하게 성과를 바라기 때문 아닐까요. 우리는 온리 원 전문가가 되어야 합니다. 남과 다른 방법으로 나다움일 때 10년, 20년 가져갈 수 있습니다.

꿈과 목표를 달성하는 데는 시간이 걸립니다. 이혜로움님과 이야기 나눌 때 이런 이야기를 했습니다. 무언가 시작하고 꾸준하게 하려고 할 때 위기가 오는 시기가 있는 듯하다고요. 3개월, 6개월, 9개월, 1년, 3년 정도가 되면 흔들립니다. 이게 과연 맞는 길일까? 항상 고민되기 때문입니다. 결국 중간에 포기하거나 다른 길을 선택하기 때문에 점점 SNS 플랫폼에서 사라집니다. 그렇다고 그들이 잘못하고 있는 건 아니죠. 새로운 길을 발견하기 위함일지도 모르고, P턴으로 방향을 튼 지점일지도 모르죠.

송파 책 박물관에서 시인이자 소설가, 문학평론가인 장석주 작가의 '자기 삶의 주인으로 살기 위한 책 읽기'라는 주제로 책 문화 강연이 있었습니다. 1975년 '월간문학'신인상으로 등단하고 1929년 조선일보 신춘문예에 시가 당선된 작가입니다. 약 50년 동안 책을 읽고, 책을 만들고, 책을 쓰는 작가였습니다. 장석주 시인은 시립 도서관에서 고전문학을 읽기 시작했습니다. 책이 무척 재밌었다고 합니다. 글을 쓰고 알려진 후에 고려원 출판사에 취업합니다. 기획과 편집일을 담당했습니다. 그가 기획하고 편집한 책은 만들자마자 베스트셀러 순위에 올랐습니다. 이후에 출간한 책까지도 베스트셀러 순위에 오를 정도로 기획력이 좋았습니다. 장석주 작가는 30대 번역가들의 관점으로 니체의 책을 만들고 싶어 했습니다. 결국 자신의 출판사를 차렸다고 해요. 그렇게 출판업을 시작해서 청담동에 건물까지 올릴 정도로 번성하던 시절이 있었습니다. 하지만 출판업 시작 15년 만에 출판사를 정리하고, 책 쓰는 전업 작가의 길을 택합니다. 올해 일흔의 나이였습니다. 지금까지 출간한 책은 100여 종이 넘었고요. 일 년에 사서 읽는 책이 팔백 권에서 천 권이었습니다. '책사는 데 돈 아끼지 말자'라는 문장이 가훈일 정도로 책을 좋아하는 작가였습니다. 좋아하는 일로 50년 이상 할 수 있음을 확인한 시간이었습니다. 한때 어머니가 책만 보면 뭐가 나오냐고 잔소리하셨었는데, 책만 읽고 글을 썼더니, 밥보다 더 좋은 게 있었다고 합니다. 돈도 벌고, 집도 사고 말이죠. 장자의 '무용지대용(無用之大用)'을 언급하며 강연을 끝맺었습니다. 이를 해석하면 '쓸모없음에 쓸모 있다.' 혹시 오늘 당신의 하루가 쓸모없다는 생각이 들었나요? 그건 바로 10년 후에 당신이 되고 싶은 사람의 쓸모 있는 하루일 겁니다.

　한 가지 일을 멈추지 않고 계속할 때, 우리는 고유한 온리 원이 됩니다. 누구와도 비교할 수 없는 나다움은 타인의 인생 설명서가 필요하지 않습니다. 오늘 하루가 바로 당신의 쓸모입니다. 오늘 하루가 당신의 습관입니다. 오늘 하루가 당신의 역사입니다. 한 번만 더, 하루만 더 힘으로 쓸모없어 보이는 것을 챙기는 습관이 바로 10년 후 당신의 인생사용 설명서입니다.

8

요래됐습당. ver

예전에는 해외여행을 갈 때도 여행 출발부터 돌아올 때까지 언제 어디서 묵고, 어떤 음식을 먹고 와야 하는지 여행 책자와 블로그를 보고 미리 여행 일정을 날짜별로 다 계획하고 출발해야 한다고 생각했습니다. 준비 없이 출발했다가 덜컥 예상치 못한 상황이 두렵고 불안했거든요. 회의가 있거나 약속이 있을 때는 미리 가기 전부터 도착시간을 역으로 계산합니다. 몇 시 몇 분 지하철이 출발하니 집에서 걸어가는 시간까지 계산해서 딱 맞춰서 도착했습니다. 지하철이나 버스를 타고 몇 번째 칸에 내려야 가장 빠르게 갈아탈 수 있는지도 미리 생각하고 지하철 칸을 탔습니다. 자가용을 타고 이동할 때는 T맵을 켜서 몇 시 몇 분쯤 도착하는지 딱 맞춰서 출발하곤 했습니다. 일정 시간을 딱 맞춰 계산하고 시작하는 습관이 있었죠. 뭔가 준비를 덜하면 찝찝하고 마음도 불편하니 확인하고 또 준비하는 게 일상이던 시간이 많았습니다.

대학원 시절 지도교수와 하와이에서 열리는 학회에 참석했습니다. 첫 해외여행이었습니다. 한 번도 가본 적 없는 곳이니 걱정부터 앞섭니다. 지도를 봐도 어딘지 알 수 없습니다. 거리 감각도 없었고요. 하와이 여행책을 몇 권 도서관에서 빌렸습니다. 한 권을 골라 여행 가방에 넣어 비행기 안에서 공부하며 갔습니다. 처음이니 준비가 완벽할 리가 있겠습니까? 지도교수는 해외여행을 해본 경험이 있었습니다. 교수는 저랑 친구에게 숙소와 렌트를 알아보라고 지시합니다. 해외여행을 한 번도 가보지 않은 우리에게요. 다행히 교수가 사이트 하나를 알려줍니다. 호텔을 정해준 게 아니었습니다. 프라이스라인(priceline.com)이라는 여행 숙소 비딩(입찰) 홈페이지였습니다. 원하는 숙소 하나를 고르는 게 아니라, 예를 들면, 와이키키 비치 구역을 선택하고, 호텔 성급과 침대 수, 부엌 보유 여부, 가격대 등을 선택합니다. 그러면 조건에 맞는 호텔들과 매칭되어 숙소가 정해지는 시스템입니다. 어떤 호텔일지 알 수 없었습니다. 결제하기 전에는 숙소를 정확하게 알 수 없고, 결제를 마쳐야 숙소가 결정되는 방식입니다. 요즘은 이런 시스템이 많이 알려진 터라, 호텔 조건을 찾아보면 원하는 숙소를 저렴한 가격으로 추측하여 예약하는 것도 가능합니다. 20년 전에는 지금처럼 정보 공유가 활성화되지 않았던 시기였죠. 알라모 렌터카 사이트에서 차량의 크기에 따라 소형, 중형, 대형, 스포츠카 등에서 중형차, 자동기어를 선택하고 예약을 마쳤습니다. 하와이 호놀룰루 공항에 도착해서 렌터카 회사까지 셔틀버스로 이동합니다. 국제 운전자면허증을 제시하고, 보험 여부도 확인했죠. 서류 확인 후 보증금까지 신용카드로 결제합니다. 이 금액은 차를 반납할 때 환급해 주거든요. 주차된 구역으

습관은 시스템이다

로 이동하여 선택한 차종 중 하나를 골라 끌고 나오면 됩니다. 주차장 밖으로 나올 때 현재 주행거리와 연료량을 확인합니다. 여행지에 도착 전에는 어떤 차를 타게 될지 모르는 구조죠. 현장에 도착해서야 정확한 차를 고를 수 있었습니다.

직장에서 8년 장기 프로젝트에 참여한 적이 있습니다. 장기 프로젝트를 시작하기 전 사업 수행 계획서를 작성하는데요. 시스템 요구 사항을 분석하고, 시스템 개략 설계와 상세 설계를 진행하고, 시스템 개발을 구현하고 시험을 마치면 납품합니다. 프로젝트를 종료하면 결과 보고서를 제출합니다. 모든 일정은 사업 수행 계획서에 있는 일정에 맞춰서 진행하죠. 만약 일정이 지연될 우려가 생기면, 상위 기관에 미리 보고합니다. 계획과 다르게 진행되면 추후 감사가 진행될 수 있어서, 가능하면 정해진 일정대로 맞추려고 노력합니다. 하지만 사업이라는 게 항상 계획대로 착착 진행되는 건 없었습니다. 비슷한 유형의 프로젝터라도 한 번도 같은 시나리오대로 진행되는 게 없다는 말을 연구원들끼리 주고받았거든요. 항상 새로운 문제가 생기죠. 외부 환경에 따라 일정에 차질도 있고요. 제품 개발 중에 부품 수급에도 문제가 발생하고, 부품 제공 업체가 망해서 사라지기도 합니다. 프로젝트 개발이 요구한 대로 개발되는지 확인하기 위하여 발주기관 담당자를 불러 검토회를 개발 단계 넘어갈 때마다 실시합니다. 완벽하게 단계를 마무리할 때까지 미루기보다는 지금까지 수행한 결과를 발표하고, 결정되지 못한 사항들은 추후 결정(To be determined: TBD) 항목으로 남겨 놓은 채로 회의를 진행합니다. 여러 업체가 동시에 참여하는 대형 프로젝트일수록 몇 가지 항목은 추후 결정하더라도 시기를 놓치지 않는 게 더 중요하기 때문입니다. 추후 결정할 항목은 언제까지 어떤 방식으로 완료 예정이라는 항목으로 별도 분리하여 상위 기관에 보고합니다. 검토회가 끝나고 일정에 맞춰서 추후 결정 항목을 해결해 나가는 방식입니다. 지금 당장 결정하기 어렵지만 프로젝트 일정에 맞춰서 다른 것들은 진행을 계속하면서 말입니다. 지금 정하기 곤란한 항목들을 따로 분리하면 됩니다. 추후 결정 항목에 대한 마감 시한을 정하고 진행합니다. 장기 프로젝트일수록 시작 단계에는 많은 항목이 추후 결정 리스트에 올라갑니다. 요구사항 분석, 개략 설계까지는 상상 속에 있는 제품일 가능성이 높기 때문입니다. 설계를 마치고 측정할 수 있는 상태가 되면 정확한 수치를 쉽게 결정할 수 있습니다. 일단 시작하고, 그다음에 진척해 나가다 보면 목표를 수정해야 할 때도 있습니다. 처음 계획을 도저히 달성하기 어려운 때도 있었습니다. 그럴 땐 상위부서에 관련 근거를 준비해서 요구사항 변경을 신청하고 승인받는 절차가 마련되어 있습니다. 상위부서에서도 관련 근거에 따라 이의가 없으면 계획 변경을 승인합니다. 눈에 보이지 않던 장기 프로젝트도 일정에 맞게 진행하면서 수정 보완하면서 시스템 개발을 마무리합니다.

인생에서 우리 목표도 마찬가지입니다. 장기 목표 달성을 위해 개략적인 계획을 세우고 시작합니다. 하지만 지금 단계에서 계획을 명확하게 정할 수 없는 경우가 많은 게 당연합니다. 20년, 10년, 7년, 5년, 3년, 1년, 분기, 월간 계획으로 나눕니다. 좀 더 세분화하면, 주간 단위

습관은 시스템이다

까지 계획을 나눌 수 있고, 오늘 해야만 하는 일을 시작할 수 있습니다. 시작하는 게 중요합니다. 이게 바로 매일 우리가 지켜나가야 할 습관입니다.

습관을 만들기 전과 습관을 만든 후에는 삶이 달라집니다. 습관을 만들기 전에는 시작에 대한 고민이 대부분입니다. 완벽하게 준비를 마치고 시작하려다 보니 시작이 늦어집니다. 하지만 지금부터 시작하면 그다음은 일은 진행하면서 조금씩 개선해 나갈 수 있습니다. 일단 시작해야 지금 부족한 게 무엇이고, 추후 결정해야 하는 건 무엇인지 명확해집니다. 추후 결정할 사항은 시간이 지난 후에 가시적으로 보이기 시작하면 그때 가서 정해도 괜찮습니다. 지금은 Before 단계입니다. After 항목은 내가 원하는 모습이죠. 포기하고 싶고, 바꾸고 싶은 민감한 감정을 여유롭고 오래도록 지킬 수 있는 습관으로 만들기 딱 좋은 시간입니다. 시작은 준비해서 완벽한 상태에서 하는 게 아닙니다. 지금 시작하는 거죠. 완벽은 추후 결정 사항이면 충분합니다. 시작은 타인이 정하는 게 아닙니다. 선택의 기회는 언제나 당신에게 있습니다. Before/After 사이에는 당신의 습관 시스템이 존재합니다. 인스타그램에서 유행하는 음악이 하나 있습니다. 'molly_qui.molly_qui(요래됐습당.ver)' 음악인데요. 이 음악을 사용해서 '이전' 버전과 '이후' 버전의 사진이나 영상을 만듭니다. Before/After 릴스를 만들기 위해 최대한 망가진 모습을 남겨두면 효과가 좋더군요. 그리고 After로 변한 멋진 순간을 만들어 릴스를 제작해 공유합니다. 시작하는 지금 당신의 모습을 기록하는 것, 놓치지 않았으면 좋겠습니다.

사람들은 보여주어야 신뢰합니다. 당신의 습관이 당신을 After로 만들어 줄 겁니다.

(※ 인스타그램에서 릴스 만들면, 꼭 저를 태그해 주세요! @wybook)

제4장

습관을 만드는
P턴 챌린지

1

Planner

파워 J의 일정 계획표

매년 새해에 목표를 세웁니다. 저는 1년 계획을 세우는데 하루로는 부족합니다. MBTI 중에서 '파워 J(Judging, 판단형)'에 해당하죠. J형은 분명한 목적과 계획을 갖고, 상당히 체계적이며, 마감을 준수하는 타입이라고 해요. 한 달 내내 연간 계획을 세운 적도 있습니다. 하고 싶은 일, 해야 할 일을 죄다 적어야 직성이 풀리거든요. 정작 연말이 되면 다 이루지 못한 목표로 아쉬워할 때가 더 많지만요. 작심삼일로 끝나면 다시 작심삼일 하면 된다지만, 삼 일 후 다시 시작해야 한다는 사실도 작심삼일 해버리는 '망각쟁이'입니다. 1월에 세웠던 거창한 계획들은 애초부터 성공 가능성이 없었을지도요. 욕심만 앞세우니 시간이 부족할 때가 많았어요. 그랜드 카돈의 《10배의 법칙》을 읽어서 그랬을까요?

교보문고 옆 핫트랙스에 들러, 다이어리용 스티커를 몇 장 샀습니다. 다시 다이어리 꾸미기 '다꾸'가 유행이라는 소리를 들었어요. '나도 오랜만에 스티커 좀 사볼까?' 생각이 들었습니다. 삼십 대까지는 다이어리 사용법을 배운 적이 없어요. 월간 달력에 친구들 약속, 경조사, 가족 생일, 업무 출장, 회의 일정을 적는 게 전부였죠. 대부분 다른 사람들과의 만남 일정입니다. 마흔이 되면서 '비전 보드'란 개념을 배웠습니다. 네이버 재테크 카페에서 활동하고 있을 때, 추천 도서 중에 강규형의 성과를 지배하는 《바인더의 힘》이 있었어요. 연간 목표를 정하고, 어떻게 달성하는지, 3P 바인더라는 A5 다이어리 활용법과 기록을 통해 성과를 낸 사람들의 사례가 담겨 있는 책이에요. 책대로만 하면, 새해에 세운 목표를 연말까지 모두 이룰 수 있겠다는 기대감이 팍 생기더군요.

마흔이 되어서 10년씩 끊어가며 80세가 될 때까지 계획을 세워봤습니다. 마흔부터 쉰까지는 1년 단위로 계획을 세웠죠. 다섯 가지 목표도 정합니다. 건강한 삶, 경제적으로 안정된 삶, 가치 있는 나와 자아실현, 행복한 가정, 설레는 노후와 기록, 회사와 함께 성장하는 나. 이 목표마다 다섯 가지 이상 상세하게 적습니다. 매일 만 보 걷기, 헬스, 경제 공부, 독서, 재테크 카페 활동, 부동산 임장, 강의 듣기, 가족과 매월 영화 보기, 스페인어 배우기, 이탈리아 여행, 시아버지 팔순 여행, 지방에 있는 부모님 댁 매월 방문, 일기 쓰기, 친구 연락하기, 가계부 쓰기, 직장에서는 책임연구원 진급하기, 매월 논문 두 편씩 읽기, 기사 읽기, 야근 금지 등. 일일 다이어리가 빼곡합니다. 강의 듣고 동기부여 받아서인지 열정이 생기기 시작했죠. 빼곡한 계획만으로도 이미 성취한 듯한 느낌이 듭니다. 2017년에는 계획을 매일 확인했어요. 해야 하는 일이 빼곡합니다. 앞서 계획한 일을 끝까지 마무리하지 못하자 계획이 하나씩 미뤄집니다. 애초부터 잠자는 시간을 늦춰도 도저히 해낼 수 없는 목표였던 거죠. 결국 가족 여행, 스페인어 배우기, 시아버지 팔순 여행, 부모님 댁 매월 방문, 친구 연락하기 같은 목표는 멈추기로 했습니다. 체중 감량도 실패했고요.

2022년에는 핫트랙스에서 듀얼 플래너를 샀습니다. 월간 달력이 양면에 하나씩 두 면이 있는 A4 크기의 스프링 제본된 노트 형태입니다. 매일 10분 독서하고 한 문장을 골라 한쪽에 적고, 다른 쪽에는 책에서 배운 한 가지 행동을 골라 다른 면에 적어, 1년 달력을 양쪽 가득 채우겠다는 계획을 세웠습니다. 블로그에 먼저 책 내용을 정리하고, 그걸 다시 노트에 다시 예쁘게 옮겨 적었죠. 6개월가량 계속했습니다. 하지만 어느 날, 성공을 위한 행동이 아니라 그냥 보여주기 위한 플래너를 쓰고 있다는 생각이 들기 시작했어요. 그 달력의 마지막 잎새는 6월 11일입니다.

신혼여행은 하와이로 다녀왔습니다. 공식적인 우리 부부의 첫 해외여행이었죠. 에메랄드색 태평양 바다와 선셋, 야자수 나무와 명품 거리, 하와이안 버거, 산호초로 가득한 하나우마 베이 스노우 쿨링, 돌 파인애플 농장, '지오반니 새우트럭'의 마늘과 버터로 볶은 새우 스캠피 등 한 번 구경하고 맛본 것으로는 아쉬움이 남았습니다. 우리 부부는 결혼 십 주년에 다시 하와이로 여행을 오자고 계획했었어요. 올해는 결혼한 지 13년 차입니다. 그럼, 결혼 십 주년에 하와이 여행을 다

습관은 시스템이다

녀왔었냐고요? 계획이 바뀌었습니다. 하와이 여행보다 전자제품 박람회 'CES2020'가 열리는 미국 라스베이거스에 가는 걸로 말이죠. 비행기 항공권과 호텔 숙소까지만 예약했습니다. 휴가 날짜만 기다리고 있었죠. 그런데 코로나-19 상황이 벌어지고 말았습니다. 10주년 기념 여행 계획은 취소할 수밖에 없었습니다. 2년 후, 다행히 코로나 상황이 완화되었죠. 우리 부부는 작년에 드디어 하와이에 다시 방문하게 되었습니다. 비행기 항공권과 숙소만 예약하고 떠났습니다. 스마트폰에 의지해 구글 지도만 믿고 아무런 계획 없이 떠났습니다. 그렇게 결혼 당시 계획했던 하와이행은 늦게라도 이루었습니다.

아무리 잘 짠 계획도 모든 계획은 계획대로 움직일 수 없습니다. 하루에도 몇 번의 이벤트가 생길 수 있죠. 한 번도 상상하지 못했던 자연재해도 발생했던 것처럼 말입니다. 코로나-19라는 상황을 누가 예상했을까요? 더군다나 시간이 지나면서 더 이상 원하지 않는 목표로 정체성이 바뀌기도 하고요. 그럼에도 우리는 계획을 세우고, 지키겠다는 원칙을 갖고 살아갈 필요가 있습니다. 더 나은 삶을 살고 싶은 인간의 본성이 누구에게나 있으니까요. 평범한 사람도 일 년에 적어도 한 가지는 달성할 수 있는 습관 시스템 세 가지를 소개합니다.

첫째, 작게 아주 작게 시작합니다. 대신 매일 할 수 있도록 정합니다. 예를 들면, 독서한다고 가정하면 무리하지 말고 쪼개야 합니다. 하루 한쪽이든 하루 10분이든 본인이 실천할 수 있는 분량을 정합니다. 화장실 갔을 때, '거울 보고 웃기'라던가 '벽 팔굽혀펴기 1회' 같은 행동으로 시작하면 됩니다. BJ 포그의 《습관의 디테일》은 '매일 아침 이 하나에 치실질하기' 같은 습관을 만들라고 조언하고 있거든요. 괜찮습니다. 그래서 언제 성공하냐고? 이것은 앞으로 살아갈 나의 인생에 습관 시스템을 만드는 시작점일 뿐이니까요. 이 작은 성공 경험이 100세 인생을 살아가는 우리에게 아마 대단한 무기가 될 겁니다.

둘째, 적어도 1년간 실험 기간으로 정합니다. 관찰하기 위해서죠. 계절적 요인, 월별 이벤트 등에 따라서 습관을 유지하기 어려울 때도 있거든요. 실험 기간이니까 완벽하지 않아도 괜찮습니다. 조금씩 수정 보완하면서 습관을 고쳐나가는 거죠. 그러니, 처음부터 완벽하지 않아도 됩니다.

셋째, 매일 달력에 '했다 O', '안 했다 X' 표시합니다. 단, 여기엔 물리적인 양을 표시하지 않습니다. 책을 10분 읽기가 아니라 '책을 읽었다'와 '책을 안 읽었다'로 구분하면 됩니다. 블로그에 사진 한 장이든, 한 줄의 글이든 발행 '했다', '안 했다'로 구분하죠. 분량보다는 '했다', '안 했다'로 성공을 확인합니다. 성공하기 위해 한 줄을 읽겠다는 의지! 블로그를 발행하겠다는 의지! 이걸 습관으로 장착하기 위해서입니다. 습관을 자동화하는 과정이에요.

처음부터 새해 목표를 거창하게 세울 필요 없었습니다. 10배의 법칙을 적용하여 목표를 정하면 물론 능력 이상의 결과를 보이는 사람도 있죠. 하지만 이제 습관을 만들어 가는 사람에게는 오히려 역효과

일 가능성이 있습니다. 며칠 가지 않아 번아웃되면, 다음부터 시작조차 하지 않는 습관이 생길지 모르니까요. 한 가지 습관을 장착하여 평생 지속하려면, 무리하기보다 번 아웃을 방지하는 데 초점을 맞춥니다. 적어도 일 년 동안 습관을 유지하며, 하루의 습관을 적분으로 쌓아보는 거죠. 연말이면 그동안 쌓아온 당신의 기록을 보고 뿌듯해할 겁니다. 어느 정도 습관 장착도 되고요. 그다음 확장하고 개선해 나가는 힘이 생기죠. 습관을 만드는 P턴 챌린지는 Planner, 일정 계획표입니다.

2

Paper Book

위대한 목표설정, 종이책

2023년 12월 기준 통계청에서 발표한 『생명표』에 따르면, 1970년 62.3세에서 2022년 82.7세로 약 20년 늘어났습니다. 한국인의 기대 수명은 2010년을 전후로 80세까지 높아지면서 선진국 수준에 도달했고, 일본, 스위스에 이어 기대 수명이 긴 나라에 속합니다. 수렵 채집하던 유인원이 7만 년 전 창작하는 언어의 등장으로 사피엔스의 역사가 시작했습니다. 의학 및 과학 기술의 발달로 지금보다 더 진화하고 위대해지지 않을까요?

대한민국 약 5,132만 명 주민등록 인구 중에서 오직 한 명이 바로 나 자신입니다. 많은 사람 사이에서 자신의 하루 습관을 들여다보면 사소하고 특별해 보이지 않을 때가 있습니다. 이럴 때일수록 남과 비교하기 쉽습니다. 남과 다른 재능이 나에게 분명히 있습니다. 과거의 내가 어쨌든, 지금 이 책을 읽고 있는 순간의 당신은 분명히 전과 다른 사람입니다. 어제와 오늘은 다릅니다. 오늘과 내일도 다릅니다.

습관은 시스템이다

처음 독서 습관을 만들기 시작할 당시에는 조기 은퇴하고 싶다는 목표가 전부였습니다. 처음 독서를 시작하니 모르는 게 많았고, 이해도 느렸고, 어려웠습니다. '더 많이, 더 빨리'라는 키워드에 눈이 저절로 가더군요. 속독법에 대한 방법을 찾아 봤습니다. 하지만 그럴수록 더 조급해졌고, 보는 건 많은데 기억에 남는 건 없었습니다. 결국 중간까지 읽다가 속독법을 포기했습니다. 책을 더 효과적으로 읽고 싶었습니다. 천천히 읽으면서 소화를 시켜보자, 다짐하게 된 계기였습니다.

이 원고의 초고를 쓰는 지금은 하루 10분 독서 시작한 지 2,577일째입니다. 다양한 책을 수백 권 읽는 것보다 한 권의 책을 내 걸로 만드는 과정이 더 중요하다는 걸 깨달았거든요. MBC 전 PD 김민식의 《영어책 한 권 외워봤니?》라는 책 제목처럼 말이죠. 한 권을 제대로 외우면, 수십 권의 책을 공부하는 것보다 효과 있었다는 내용이 담겨 있습니다. 한 권을 읽어도 생각을 기록하면서 느리게 읽는 것이 효율적인 독서법이죠. 나를 바꾸려 하기보다는 목표를 바꾸려 했던 시기였습니다. 사명감을 느끼는 위대한 목표를 설정하길 바랍니다. 위대한 목표가 쉽게 바뀌지 않도록요. 목표에 다다르는 경로는 바뀌어도 됩니다. 길은 많거든요. 천천히 가더라도 목표를 향해야 당신의 목적지에 도착합니다. 도착하고자 하는 목표는 바꾸지 않으며, 나를 바꾸면서 조금씩 나아가는 중입니다.

하루 습관은 바로 위대한 목표에 도달하기 위한 도구입니다. 위대한 목표를 설정하면, 중간에 포기하는 게 아니라 경로를 바꿔서 도착할 수 있습니다. 그동안 겪어왔거나 앞으로 겪을 시련과 실패, 역경, 좌절, 성공 경험을 언젠가 책으로 출간하는 위대한 목표가 있다면. 한 가지 일을 오랫동안 지속하는 의지력이 생깁니다. 하루 습관은 기록입니다. 하루 습관은 역사입니다. 하루 습관은 책입니다. 성공으로 가는 시스템은 책을 쓰겠다는 위대한 목표로 하루 습관을 쌓아가는 일입니다. 실패한 날은 왜 실패했는지 기록합니다. 성공한 날은 왜 성공했는지 기록합니다. 세상 다른 이들에게 도움 줄 수 있는 책을 쓰겠다는 마음이 생기면, 한 번 더 하는 힘이 생길 수 있습니다.

사소한 오늘 하루가 마흔의 나, 오십의 나, 예순의 나, 일흔의 나, 어든의 나에게 세상에서 무엇보다 소중한 추억으로 다가오지 않을까요. 너무 늦게 알아차리면 나중에 아쉬울지 모르잖아요. 지금부터라도 가장 소중하고 위대한 목표로 책을 출간하겠다는 마음을 가져보는 건 어떠세요? 인생에서 배우는 경험 단계마다 글에 담을 수 있습니다. 여러분이 잊고 지낼 뻔한 습관이 모이면 책을 만들 수 있습니다. 독자에게 그 습관의 의미를 전달하면서 말이죠. 책을 출간하겠다는 위대한 목표가 있다면, 오늘 하루 습관은 더 이상 사소하지 않아요. 순간의 기쁨과 슬픔, 갈등과 고난, 불안과 두려움, 감동과 환희를 담은 당신의 하루 습관이 담긴 위대한 인생 책입니다. 당신의 습관은 지금 당장 보이지 않는 성공을 담아내는 시스템입니다. 어둠 속에서 성공을 밝혀 줄 촛불 같은 습관입니다. 여러분이 소모하는 하루 습관에 투자하면, 바닥을 딛고 정상을 향합니다. 이것이 바로 자기 신뢰로 이어지는 길이죠. 일상에서 보낸 하루 습관이 바로 당신의 한 문

습관은 시스템이다

장이기 때문입니다.

자전적 에세이나 자기계발서, 경제경영서, 인문학책을 보면 처음부터 대단하거나 무언가를 깨달은 사람만이 책을 쓰는 게 아니라는 사실을 받아들이면 쉬워집니다. 예수, 소크라테스, 워런 버핏은 이미 타고난 사람들이었죠. 그들은 직접 글을 쓰지 않았어요. 대단한 사람들만 책을 쓴다고 생각하면 오해입니다. 대단하지 않은 사람들이 책을 씁니다. 책이 출간되면 위대해 보이는 거죠. 당신과 똑같은 상황에 있는 사람들에게 당신의 성공을 보여준다는 마음으로 하루를 살다 보면, 하루가 달라집니다. 제자리걸음 하는 듯 보이나요? 옆에서 보는 다른 사람들은 당신을 위대하게 보고 있다는 사실은 의심하지 마세요.

되고 싶은 롤 모델을 한 명 정하고, 그의 24시간을 그대로 따라 하면 롤 모델처럼 살아갈 수 있습니다. 만약 누군가 당신을 롤 모델로 삼고 있다면요? 한순간도 허투루 보내지 못하겠죠? 당신이 ○○○ 책을 쓴다면, 어떻게 오늘을 보낼 건가요? 새벽에 떠오르는 해가 당신을 맞이할 준비를 하고 있습니다. 복잡한 세상을 이겨내는 원씽이죠. 당신의 인생 경영론을 출간하겠다는 목표가 있다면, 비상식적인 하루로 보이는 날들이 모여 인생의 한 줄, 한 페이지, 한 권이 될 수 있습니다. 모든 게 글감으로 바뀌는 순간이죠.

하나경영연구소에서 발표한 '2024년 대한민국 웰스 리포트'에 부자의 루틴에 관한 내용이 있습니다. 오전 루틴은 부자는 본격적인 하루를 시작하기 전 종이신문/뉴스 보기로 세상의 이슈를 챙기고, 아침 운동/산책으로 심신을 깨우며, 스케줄링을 통해 하루를 계획합니다. 부자의 독서량은 일반 대중보다 더 많았습니다. 심신을 챙기는 부자의 취미는 산책과 걷기였고요. 팀 페리스의 《타이탄의 도구들》에 나오는 타이탄들의 사소한 습관은 아침에 침대 정리하기, 물 마시기, 음악 듣기, 독서하기, 산책, 명상, 일기 쓰기였습니다. 위대해 보이는 타이탄 중에는 책 저자가 많았어요. 책 속 주인공 타이탄 중의 한 명인 스콧 애덤스가 《더 시스템》을 출간한 것처럼요. 타이탄처럼 목표를 달성하기 위해 당장 해야 하는 일은 오늘 하루 습관입니다.

성공하고 싶은 독자가 꼭 만나야 할 한 사람이 당신이라면, 지금 무엇을 중도 포기해야 할까요? 방향을 바꿔야 할까요? 한 우물을 파는 전문가가 되어야 할까요? 조용한 습관은 당신도 책을 쓰게 만듭니다. 어려워 보이나요? 그렇지 않아요. 사소하게 느껴지고, 일상이 평범하게 보이나요? 당신의 시선으로 구체적으로 생생하게 한 페이지를 기록하되 독자를 돕겠다는 마음을 담는다면, '잘 쓴다' '못 쓴다' 판단은 의미가 사라집니다. 쓰는 행위면 충분하죠. 책을 쓴다는 위대한 목표가 생기면, 반드시 당신이 성공해야 하는 이유가 될 겁니다. 습관을 유지하는 셀프 동기부여가 되죠. 습관은 사소한 게 아니라 위대한 목표의 시작입니다. 습관을 만드는 P턴 챌린지는 Paper Book, 종이책 출간입니다.

3

Project
인생 버전업 프로젝트

해야 할 일이 참 많습니다. 그런데, 시간 없지요? 하고 싶은 것들도 참 많은데 말이죠. 이거도 하고, 저거도 마무리하다가 취침 시간이 점점 미뤄집니다. 어느 날, 수업 강의안을 준비하려고 책상 앞에 앉았습니다. 갑자기 명함을 만들다가 그만둔 기억이 떠오르더군요. 강의안 만들 생각은 어느새 사라지고, 캔바(Canva) 파일을 열었습니다. 명함에 적을 문구를 조정하고 위치를 바꾸고 있었습니다. 남편에게 보여주니, 이름이 너무 크다, 문구가 이상하다, 무슨 의미인지 모르겠다는 둥 한마디씩 합니다. 남편 의견을 반영하여 디자인을 변경합니다. 고쳐도 끝이 없습니다. 지인이 소개해 준 명함 인쇄를 저렴하게 할 수 있는 온라인 사이트를 찾아내 회원 가입을 합니다. 명함용 인쇄 종이 종류와 그램(g)을 선택합니다. 디자인한 명함 이미지 사진을 업로드하고 주소를 입력했죠. 카드 결제까지 마쳤습니다. 명함 제작 업무가 드디어 끝났습니다. 창을 닫으려는데, 홈페이지에 다른 판촉물 메뉴가 보입니다. 메뉴를 하나씩 눌러봅니다. 달력, 스티커, 봉투, 부채, 볼펜, 상자에 이르기까지 다양한 제품이 있었습니다. 이것저것 누르다 보니 시간이 어느새 새벽 한 시 삼십 분을 가리킵니다.

2024년 1월, 목표를 공유하며 공통된 목표가 있으면 협업하면서 성장하자는 취지의 모임으로 관심 있는 스무 명이 모였습니다. 2024년 이루고 싶은 목표를 각자 생각하고 공유하기 시작했습니다. 《먼저 퇴사해보겠습니다》에 나오는 KPT 전략으로 일주일 단위로 점검하기로 했죠. K는 Keep(잘한 점, 계속 유지할 점), P는 Problem(문제점, 개선할 점, 불편한 점), T는 Try(시도해 볼 점, 개선할 점)입니다. 매주 계획과 성과를 점검하고, 2024년 목표 달성하기로 말이죠. 고전 독서모임을 한번 해보자는 제안도 나왔습니다. 한 명이 나서서 《브람스를 좋아하세요》를 골라, 독서모임 날짜도 정합니다. 1, 2, 3 번호를 붙이며, 너도나도 참여하겠다는 의사를 밝힙니다. 이 기회에 참여해 보고 싶다는 마음이 생겼습니다. 하지만 이미 약속된 시간에 다른 일정이 있어서, 고전 독서모임에는 참여할 수가 없었습니다.

5주가 지났습니다. 계획 없이 보내던 일상에서 매주 점검을 시작하니 해내지 못한 문제점들이 보입니다. 다음 주에는 더 노력해 보기로 합니다. 욕심이 과했습니다. 이거도 해야 하고 저거도 해야 하는 계획을 월요일에 세웠는데, 수요일에 목감기가 걸려버렸죠. 집 앞 상가에 있는 이비인후과에 가서 약을 처방받아 왔습니다. 독감이 아니라서 다행이었습니다. 약을 먹고 나니 나른해지고 잠이 쏟아집니다. 목은 조금 나아졌지만, 몸도 욱신거리고, 콧물감기로 이어졌습니다. 나흘 동안은 침대에서 누워있는 시간이 많아졌습니다. 어김없이 금요일과 주말이 다가왔습니다. 다른 사람들이 성과를 공유하니 어쩔 수 없이 나도 성과 목록을 공유했습니다. 이번 주 점검은 성과보다 문제점이 많았습니다. 건강 상태가 좋지 못하니 해야 할 목록을 채우지 못한 후회와 자책감이 몰려옵니다.

인스타그램에 들어가 봅니다. 피드에 댓글을 남기고 스토리를 공유하다 보니 시간이 삼십 분, 한 시간이 훌쩍 지나갑니다. 인스타그램 사용 시간 설정을 해두었습니다. 오늘도 시간 초과했다는 알람이 보입니다. 4만 팔로워를 보유한 A의 피드에는 2024년, 2025년에는 일하는 시간을 줄이고 자동 수익화 시스템을 만드는 것을 목표로 투자 공부와 경제 서적을 매일 100페이지씩 읽겠다고 올라왔습니다. 그런데 1월에 세운 새해 목표를 2월 초에 포기한다는 피드가 올라왔습니다. 왜일까요? 자동 수익화 강의 투자 공부, 경제 서적 읽기를 한 달 해보니 이게 정말 내가 원하는 삶인가 진짜 목표가 맞나 하는 생각이 들었답니다. 고민 끝에 경제적 자유가 목표가 아니란 걸 깨닫고 계획을 수정한다는 메시지였습니다. 자기계발과 동기부여 콘텐츠를 만드는 게 더 즐겁고 재미있다는 사실을 알게 되어, 동료와 함께 유튜브 콘텐츠 개발에 더 집중하겠다고 선언하는 내용이었습니다.

원하는 성과를 바로 뚝딱 얻을 수 있는 건 아닙니다. 목표가 있든 목표가 없든 해야 하는 일, 하고 싶은 일은 늘 많습니다. 더구나 우리에겐 시간도 여전히 부족합니다. 주변의 영향을 받으면 에너지도 분산

되죠. 그럴 때일수록 선명한 목표와 지금 하는 일에 대한 이유가 명확해야 주변 시선에 아랑곳하지 않고 지속할 수 있습니다.

이거도 해야 하고 저거도 해야 하는 생각이 드는 이유는 중요도가 정해지지 않아서입니다. 모든 걸 한 번에 해결할 수 없습니다. 순서를 매겨야 합니다. 경제경영서 《좋은 기업을 넘어 위대한 기업으로》에서 저자 짐 짐 콜린스는 "3개를 초과하는 목표를 추구하면 아무것도 얻지 못한다"라고 이야기합니다. 지금 해야 하는 일, 하고 싶은 일이 3가지 목표에 해당하는지 먼저 점검해 보면 순서를 정하기가 조금 더 쉬워집니다. '지금 당장'할 수 있는 가장 중요한 일을 시작하는 겁니다. 그래야 그 목표에 집중할 수 있고 하나를 끝까지 마무리할 수 있습니다. 그리고 그 일이 끝나고, 그다음 항목으로 넘어가면 됩니다.

목표가 없으면 순서를 정하기 어렵습니다. 프로젝트 하나를 시작하면 다른 일이 눈에 밟히고, 다른 프로젝트를 하고 있으면 또 머릿속에 다른 아이디어가 번뜩입니다. 주변 사람들이 참여하는 모임이 좋아 보이기도 하고요. 아직 뭘 하고 싶은지 모르겠고, 목표가 선명하지 않을 때 오늘의 프로젝트를 끝내기 위해서는 다섯 단계로 진행하곤 합니다.

첫째, 지금 머릿속에 떠오른 하고 싶은 일, 해야 하는 일을 종이에 적습니다.
둘째, 감정이 아닌 이성적으로 중요한 순서대로 번호를 매깁니다.
셋째, 리스트 옆에 소요 시간을 판단해 추가합니다.

넷째, 여유 시간도 반영합니다.

다섯째, 오늘을 30분 단위로 쪼갠 후, 순서대로 일을 시작합니다.

순서를 정할 때 단기간에 끝나는 항목과 장기간에 걸쳐 끝낼 수 있는 것들이 섞여 있습니다. SNS에 공유하는 글은 삼십 분에서 한 시간이면 끝냅니다. 집중하고 몰입한다면 한 번에 '완료' 할 수 있죠. 반면, 책 쓰기 같은 경우에는 시간이 오래 걸립니다. 오늘 하루, 종일 붙잡고 있어도 끝이 보이지 않습니다. 이럴 땐, 세부 계획을 짜서 오늘 집필할 분량을 정할 필요가 있습니다. 즉, 연 단위, 월 단위, 주간 단위, 일 단위, 시간 단위로 쪼개어 오늘 해야 할 일을 정합니다. 끝까지 해내는 비결 중 하나입니다. 하루를 적분으로 쌓아 나갑니다. 오래 걸리는 프로젝트 항목일수록 마감을 정하고 시간을 분배합니다. 월간 다이어리와 주간 다이어리에 프로젝트 진행률을 표시하면 도움이 됩니다. "언젠가 끝이 나겠지!" 소리 한번 외쳐보면서요. 비교적 짧은 시간 안에 마칠 수 있는 항목과 함께 오늘을 기준으로 프로젝트 순서를 다시 매겨봅니다. 오늘 반드시 끝내야 하는 일, 잠들기 전에 반드시 끝나야 하는 일을 1순위로 합니다. 욕심을 줄이고 하나에 집중할수록, 당신의 인생 프로젝트는 더 빠르게 버전업 할 수 있습니다. 습관을 만드는 P턴 챌린지는 Project, 인생 버전업 프로젝트입니다.

4

Personal Habit
꾸준함이 최고의 무기

말수가 극히 적어집니다. 쪼그려 앉기도 합니다. 번 아웃이 오니 잠도 계속 옵니다. 어깨도 축 처집니다. 식욕도 없습니다. 심드렁합니다. 평소에 흥미롭던 일에도 별로 내키지도 않습니다. 어떤 자극에도 반응이 아예 없거나 둔감합니다. 한숨이 길게 나옵니다. 공허합니다. 억하심정도 듭니다. 방향성도 잃어버린 기분입니다. 우울합니다. 내 힘으로 뭘 어떻게 해볼 수 없다는 생각이 듭니다. 흐느껴 울고 싶습니다. 이런 상황이 일상을 살아가다 보면 빈번하게 생깁니다. 이런 상태가 어찌할 수 없고 굴복하고 싶어질 때 나타나는 신체적·정신적 변화입니다. 사람들은 목표를 정하고 당장 도전하고 시작했지만, 기대하던 결과가 나오지 않을 때 이런 현상을 마주하게 됩니다. 포기하고 싶고, 체념하고 싶어지는 순간입니다. 이런 상황에서도 버티고 지켜내는 힘이 꾸준함입니다.

2022년 10월 20일, 요양병원에서 전화가 왔습니다. 엄마가 숨을 거두었다는 소식이었습니다. 요양병원에 입원 후 열흘도 되지 않았는데 말입니다. 갑작스러운 소식을 들으니 아무 생각이 나지 않았습니다. 자리에서 일어나 평소에 먹던 약과 스마트폰 충전기를 챙깁니다. 방을 서성거리며 둘러보다가 읽고 있던 책과 아이패드를 챙겨서 집을 나섭니다. 장례를 삼 일간 치러야 하니까요. 장례식장에서 무슨 책과 아이패드를 챙겨가냐고 하는 분도 계시겠죠. 하지만 저에겐 2017년 4월부터 《평단지기 독서법》으로 하루 10분 읽고, 생각을 기록하던 습관이 있었습니다. 매일 아침 독서는 저의 존재감이었고, 습관이었기에 경황이 없었음에도 무의식적으로 눈을 두리번거리며 손은 책을 집어 가방에 넣고 있었던 겁니다. 아이패드에는 엄마가 좋아하는 찬송가 앱이 들어 있어서 챙겨갔습니다. 엄마의 장례식장에서 손님들이 안 계신 새벽에 독서하는 시간을 보냈습니다. 엄마가 하늘나라로 가신 상황에서 제가 엄마를 위해 할 수 있는 건 없었습니다. 그냥 평소 독서 습관대로 어제 읽던 책 뒷부분을 10분 정도 읽고, 그날의 엄마에 관한 생각을 글로 남겼습니다.

루틴과 꾸준함의 차이를 아시나요? 루틴은 내가 이렇게 움직이겠다는 의지로 해내는 거라면, 습관은 무의식적으로 저절로 이루어지는 일입니다. 독서는 저에게 루틴이 아니라 습관이었죠. 의식 없이 평소 하던 대로, 기분과 상관없이 평소 하던 대로, 이벤트가 생겨도 평소 하던 대로 하는 습관. 엄마의 장례식장에서의 독서는 매일 독서 습관을 갖고 있던 저에게는 특별한 루틴이 아니었습니다. 그렇게 8년째 하루도 빠짐없이 저만의 독서 습관이 이어집니다.

꾸준함은 저와의 약속, 결심에서 나왔습니다. 꾸준함을 다른 각도에서 바라보니, 한 번의 습관이 전부입니다. 멈추지 않고, 포기하지 않겠다는 오늘 한 번의 결단일 뿐입니다. 독서 습관이 저를 더 꾸준하게 변화시켰습니다. 아마 저처럼 독서 습관이 아니라 누군가는 걷기, 달리기, 명상, 일기 쓰기가 습관일 수도 있습니다. 꾸준한 당신의 습관이 자기 신뢰를 가져오며, 자존감을 높여줍니다. 자기 신뢰가 쌓일수록 체념과 포기를 포기하게 만듭니다.

시작 단계에서는 제자리걸음만 하는 듯 보일지 모르지만, 옆에서 지켜보는 사람들의 눈에는 그 습관이 평범하지 않게 보이기 시작합니다. 어떤 상황에서도 흔들리지 않는 습관으로 만들겠다는 결심이 꾸준함의 시작입니다.

새벽마다 일어나 독서하며 '나'에게 '그럼 나는?'이라고 물으며, 목표를 위해 한 걸음씩 나갔습니다. 힘들고 지쳤을 때는 '토닥토닥' 인문학, 소설, 에세이가 저를 붙들어 주었습니다. 안일하게 늘어져 있고, 변화하고 싶은 마음이 살짝 들 때는 '등짝을 후려치는' 자기계발서가 움직이도록 만들었습니다. 먹고 사는 '돈'을 벌기 위해서는 경제경영서가 열정을 불태워 주었습니다. 위대한 목표를 향해 나가기 위해서는 오늘 하루를 체념하거나 포기하지 않는 꾸준함이 필요합니다. 위대한 목표를 바라보는 게 아니라, 오직 오늘입니다. 포기하고 싶고, 체념하고 싶을 때 비타민이 되어 주고, 에너지를 북돋아 주는 꾸준한 당신의 오늘 습관이 성공의 전부임을 잊지 마세요.

습관은 시스템이다

사람들은 꾸준함으로 살아갑니다. 지금 나의 상황과 생각을 이해하는 꾸준한 공감이 필요합니다. 다른 사람이 하는 말보다 자신의 마음에서 위로가 꾸준하게 우러나와야 합니다. 다른 사람의 조언, 충고는 반응하지 말고 꾸준하게 버텨야 합니다. 모두가 그렇다고 하더라도 당신이 틀리면 틀린 겁니다. 모두가 틀렸다고 하더라도 당신이 맞으면 맞는 겁니다. 상대방보다는 당신의 기준에서 생각하는 꾸준함이 필요하죠. 어떤 모양이든지, 어떤 말이든, 어떤 행동으로든 꾸준하게 스스로 다독여 줍니다. 다른 사람에게 해주는 진심이 담긴 말, 진정성이 담긴 말을 자신에게도 꾸준히 해주는 노력이 필요합니다. 즉, 자기 스스로에게도 위로하는 말을 꾸준히 하고 살아야 합니다. 말없이 토닥토닥하기만 해도 응원해 줄 수 있습니다. 마태복음 6장 3절에 '네 오른손이 하는 일을 왼손이 모르게 하라'는 구절이 나옵니다. 체념하고 포기하고 싶을 때, 오른손으로 왼손 어깨를 토닥여 보시겠어요? 거울을 보거나 휴대폰에서 셀프 카메라를 작동시켜 오른손으로 엄지척하며 활짝 웃어줍니다. 그리곤 이렇게 말하면 됩니다. "오래 해야 잘하고, 잘하면 오래 한다." 셀프 칭찬이 바로 나의 무기, 꾸준함의 무기입니다.

　동기부여 연설가 토니 로빈스의 《네 안에 잠든 거인을 깨워라》에서 마음 정복을 위한 열흘간의 도전에 이런 말이 나옵니다. 승리자의 특징은 '꾸준함'이며, 진정한 꾸준함은 습관이 들어가야 가능하다고요. 마음 정복을 위해서는 자신의 감정과 마음을 온전히 다스리는 주체가 될 필요가 있 목표를 향해 나아가는 동안 어떤 부정적인 감정에도 빠져들지 않도록 우리를 단단하게 만들어 주는 퍼스널 꾸준함이 필요합니다. 꾸준한 퍼스널 습관이 당신의 운명을 결정하기 때문입니다. 주위를 둘러보면, 성공한 사람들은 포기하지 않고 끝까지 살아남은 사람들이었습니다. 주위를 둘러보면, 성공한 사람들은 포기하지 않고 끝까지 살아남은 사람들이라는 걸 우린 이미 알고 있습니다. 이제 필요한 건 당신의 결심이죠. 꾸준함이 생존 무기입니다. 꾸준히 하려면 내 상황에 맞도록 자신만의 습관으로 변환할 때 지속할 수 있습니다. 습관을 만드는 P턴 챌린지는 Personal Habit, 자기만의 습관입니다.

5

Partnership
함께라는 힘의 원리

"오프라인 북 콘서트를 한번 해보면 어떨지 해서요. 새해에요. 우리 와이작가님 꿈이 최인아 책방 북콘인데 그거 지금 하게요."

2023년 12월 26일, 인스타그램 DM으로 5인조 독수리 오형제 연합이 탄생했습니다. 다섯 명의 작가입니다. 《먼저 퇴사해보겠습니다》 도른자 작가, 《스케일업》 박상황 작가, 《라이프위너》 해원칭 작가, 《나는 휘둘리지 않기로 했다》 지지 작가, 그리고 《평단지기 독서법》 와이작가 바로 저입니다. 초보 작가라 혼자 오프라인 북 콘서트를 개최하려면 챙길 게 많습니다. 무엇보다 얼마나 많은 사람이 저를 보러 올지 내심 걱정이 있었습니다. 일단 처음 목표는 최인아 책방입니다. 혼자보다는 함께라는 힘에 기대보기로 결심했습니다. 서로 밀어주는 것부터 시작하기로 말입니다. 해원칭 작가는 대전에서 박상황 작가는 창원에서 올라와야 했습니다. 다섯 명이 모이면 각자 한 시간씩 이야기하기엔 시간이 다섯 시간이나 필요합니다. 평일 저녁에는 사람들도 참여도

가 부족할 것 같고, 책방 대관료와 일정도 확인해야 하는 등 고민거리가 넘쳤습니다. 우선 다섯 명이 각각 짧게 강연하고 대담회 형식으로 이야기 나누기로 정합니다. 그리고 인스타그램에서 알게 된 파워북스님이 사회를 맡아주기로 했습니다. 지금은 최인아 책방이지만 다음엔 예술의 전당, 아니 올림픽 종합 운동장까지 넘어 보자며 적극적인 참여 의지를 보였습니다. 출판사에도 지원 요청을 해보고, 협찬사도 물어오고, 찬조금도 받아 오겠다며 추진력이 넘칩니다.

《말그릇》 저자 채자영 작가의 북 콘서트가 최인아 책방에서 있었습니다. 책을 출간하면 '나도 여기서 북 콘서트 하고 싶다'는 생각을 갖게 된 계기가 된 하루였습니다. 도른자님이 최인아 책방에 직접 전화해 보고 1월 내에 어려우면 다른 곳으로 진행하기로 협의했습니다. 단계적으로 목표 달성해 나가기로 했고, 모두 동의했습니다. 세바시 강연에 나가는 꿈도 서로 나누면서요.

며칠 후, 인스타그램 대신 카카오톡 오픈채팅방에서 다시 모였습니다. 아쉽게도 최인아 책방은 선호하는 날짜에 모두 마감되어서 바로 북 콘서트를 진행하긴 곤란했습니다. 다른 곳을 찾아보기로 합니다.

"내용 남기시면 필라테스 다녀와서 벽타기 하겠습니다!"

해원칭님이 채팅방에 들어왔습니다. 40명 정도 예상하고 모객하기로 합니다. 간단한 다과도 있으면 좋겠다는 의견이 나왔습니다. 종로

습관은 시스템이다

구 종각역 인근 '스터디룸 인'이라는 곳을 알아봅니다. 40명 정도 수용할 수 있으며, 강의실 형태의 구조였습니다. '주말, 최대한 많은 인원, 저렴, 접근성 높은 곳'으로 추진하자고 했습니다. 지지 작가가 채팅방에 들어왔습니다. 지금까지 나눈 이야기를 다시 공유했습니다. 북 콘서트 일정을 재차 확인하며 2024년 3월 9일로 결정했습니다. 다른 곳을 몇 군데 더 찾아봤지만, 일정을 확인하니 마감되었다고 했습니다. 급하게 종각에 있는 '스터디룸 인'을 예약했습니다. 줌(Zoom)을 열어 준비 사항을 토의하기로 합니다. 요일과 시간을 정해야 합니다. 다들 직장인이기도 하고 개인 일정이 많아서 바쁜 사람들이었습니다. 빨리 모여야 했습니다. 주중이 다들 괜찮다고 협의하고, 월, 화, 수, 목, 금에 안되는 날짜를 빼고 편한 요일과 시간을 적어 공유합니다. 하는 일이 다 달라서 아예 점심시간은 어떠냐는 질문에 월요일 점심 12시에 줌에서 만나기로 했습니다.

도른자 작가가 '스터디룸 인'에 9만 원 선입금하고 예약했다는 소식을 공유합니다. 지지 작가는 월요일 줌 회의 링크를 만들어 공유합니다. 북 콘서트에서 공통된 주제가 있으면 좋겠다고 해원칭 작가의 의견에 줌 회의 전까지 자신의 주제나 키워드를 각자 3~5개 정도 선정해서 공통점을 찾아보기로 했습니다.

월요일 점심시간에 줌에서 드디어 처음 다섯 명의 작가와 사회자까지 한자리에 모였습니다. 첫인사부터 나누고 본격적인 회의를 시작합니다. 40분 정도 회의를 진행하고 앞으로 처리해야 할 일을 분담했습니다.

북 콘서트를 출판사에서 추진해 주는 게 아니라 작가 다섯 명이 모여 추진하다 보니 행사 준비와 사후 정리까지 작가가 모두 해야 했습니다. 행사 전후 삼십 분씩 한 시간을 제외하고 나니 다섯 명의 작가는 각자 10분 발표 시간이 나왔습니다. 나머지는 독자와의 질의/응답 시간으로 구성했습니다. 행사 당일 가장 먼저 도착한 독자에게 참석 명단 체크를 부탁드릴 정도로 서포터즈도 구하지 못했습니다. 대관료와 간식 준비를 위해 최소 참가비를 2만 원으로 책정했습니다. 참석자에게 그 이상을 줄 수 있도록 협찬 선물을 각자 마련해 보기로 했습니다. 2월 21일 참석 인원을 예상하기 위해 콜라보 콘텐츠를 제작하여 인스타그램에서 5명 공동으로 사전 공지 피드를 게시했습니다. 신청일 당일 2월 28일 신청 공지를 하고, 3월에 한 번 더 공지하기로 했습니다. 현수막과 포스터 제작도 계획했었으나, 마지막까지 챙긴 사람이 없어서 행사 전날 A3 용지에 프린트해서 엘리베이터와 입구 쪽에만 안내문을 붙여야 했습니다.

다섯 명 작가의 책 주제가 겹치는 내용이 있어서, 기록(도른자, 해원칭), 독서법(와이작가), 행복(지지작가, 박상황) 3개의 키워드로 정리하기로 했습니다. PPT로 작가별 책 소개와 협찬 선물을 정리하여 사전 제작한 영상을 준비하기로 했는데, 지지작가가 설명자료를 직접 녹음했습니다. 지지작가 목소리가 아나운서 같다고 찬사를 보냈습니다. 사회는 맡은 파워북스님이 식순을 정리해서 공유합니다. 각자 사진과 부제를 공유

습관은 시스템이다

하며 캡션을 정리했고, 해원칭 작가와 박상황 작가가 카드뉴스 이미지와 릴스를 제작했습니다. 지방에서 올라오는 분들을 위해 협찬 선물은 제가 택배를 받아서 행사장으로 차에 실어 가져가기로 했습니다.

"완벽한 2024년을 만드는 법"

하루 전날 최종 회의를 온라인 줌에서 진행하며 한 번 더 점검했습니다. 행사 당일엔 한 시간 전에 카페에 모여 인사하고 질문 순서와 행사 이벤트 등에 대해 다시 한번 현장에서 조율했습니다. 드디어 독자들을 오프라인에서 만나게 되었습니다. 혼자라면 할 수 없었던 일을 함께라는 힘의 원리 덕분에 오프라인 북 콘서트를 진행할 수 있었습니다. 독자들로부터 '참여하길 잘했다. 재밌었다, 나에 대해 다시 한번 되돌아보게 되었다. 독서해야겠다. 글 쓰고 싶다, 독서모임 잘 진행해보고 싶다, 처음에 잘못 왔다 싶었는데, 끝까지 남아 있기를 잘했다. 책 덕분에 먹던 약을 끊었다. 사람 살리는 일을 하는 작가님들 계속 글 써달라'는 소감을 듣고 나니 장소가 중요한 게 아니었다는 걸 깨달았습니다.

혼자서는 엄두를 내기 어려웠습니다. 함께라는 힘에 기대어 해보고 싶은 북 콘서트를 진행할 수 있었습니다. 혼자 하기 곤란할 때는 협업을 통해 이룰 수 있었습니다. 단, 공통된 목표를 가진 사람들과 협업이 중요합니다. 연락처를 몰라도, 유명한 작가여도 인스타그램 직접 메시지(DM) 하나면 바로 대화가 가능한 세상입니다. 함께 하기 위해서는 우선 자신부터 꾸준하게 드러내는 시간이 필요합니다. 내가 잘하는 걸 먼저 보여주어야 하기 때문입니다. 내가 잘하는 게 상대방에겐 부족한 것이라면, 협업 성사 가능성이 커집니다. 함께라는 힘의 원리는 당신이 생각하는 것보다 큽니다. 습관을 만드는 P턴 챌린지는 Partnership, 함께하는 협업입니다.

습관은 시스템이다

6

Pump, Pause, and Play
복리가 붙는 동기부여

꾸준히 하고 싶지만, 포기하고 싶고, 그만두고 싶을 때가 있습니다. 꾸준하게 습관 시스템을 유지하려면 동기 부여하는 과정이 필요합니다. 시작은 쉽게 시작해도 끝까지 해내지 못하고 포기하게 되었다면, 해야 하는 이유보다 포기하거나 그만둘 이유가 더 커진 경우인데요. 습관 시스템을 오랜 기간 유지하기 위해서는 장기전이라는 걸 인정하는 게 먼저입니다. 복리가 붙는 동기부여를 통해 습관을 오래 유지합니다.

첫째, '바쁨'을 정리할 필요가 있습니다. 일상이 바쁘면 사소한 습관을 쉽게 잊습니다. 직장에서 야근하거나 집을 떠나 다른 장소에 머무를 때도 놓치기 쉽습니다. 습관을 오래도록 유지해야 성과가 나타나기 때문에 오래 유지하는 게 관건입니다. 바쁨을 정리하기 위해서는 일상에서 습관의 우선순위를 높여야 합니다. 가장 중요한 일이라면 일어나자마자 먼저 하는 게 좋습니다. 시간이 오래 걸리는 일이라면 하루씩 쪼개어 매일 아침에 하면 됩니다. 하루를 아침이라는 마중물로 펌프 (Pump)를 시작하면, 하루 종일 여유가 흐릅니다.

둘째, 습관의 복리 효과를 누리기 위해서는 하루라도 일찍 시작할 수록 유리합니다. 준비되면 시작하는 경우와 일단 시작하고 개선해 나가는 과정은 차이가 있거든요. 과하다 싶을 땐 잠시 멈추어(Pause) 속도와 양을 조절합니다. 내일보다 오늘이, 다음 주보다 오늘이, 다음 달보다 오늘이, 내년보다 오늘이 가장 효율적입니다. 고민은 미루고, 복리 효과를 앞당기세요.

셋째, 에너지 충전을 위해 즐겨야 합니다. 에너지 충전은 생물학적 충전과 정신적 충전으로 나뉠 수 있습니다. 생물학적 충전은 체력 키우기입니다. 평범한 일상이 소중합니다. 아프면 모든 걸 놓고 싶거든요. 포기하고 싶고, 그만두고 싶습니다. 그럼에도 습관을 유지하려면 평소에 체력부터 키워두어야겠지요. 시간을 따로 내도 좋지만 바쁘다면, 화장실에 갈 때 스쿼트 열 번, 벽 팔굽혀펴기 열 번, 엘리베이터 대신 계단 오르기, 점심시간에 걷는 것만으로도 좋았습니다. 정신적 충전은 공동의 목표를 갖고 있는 커뮤니티에서 활동하면 효과가 커집니다. 정신적 에너지가 방전되면, 오히려 가까운 가족 간에도 짜증이 오갈 때가 있습니다. 습관 시스템을 즐기고 있으면 가족도 응원해 줍니다. 무리한 계획과 일정에 힘든 모습을 보이면, 가족으로부터 그만하라고 강요받기도 합니다. 가족도 내 삶의 일부입니다. 자신의 생물학적 정신적 에너지가 가족에게 어떻게 비치느냐에 따라 충전될 수

습관은 시스템이다

도, 방전이 되기도 하니 균형 유지가 필요하겠지요? 놀이(Play)하듯 즐기면서 삶에 에너지를 채워나갈수록 오래갈 수 있습니다.

　책을 처음 읽기 시작했을 때 지식은 제로 단계입니다. 괜찮습니다. 시작 단계니까요. 어디에서 출발해도 괜찮죠. 자기계발 분야, 심리학 분야, 재테크 분야에 대해 이론적으로 무지한 상태라도요. 지난 8년간 자기계발서와 경제경영서 책을 읽다 보니, 책 고르는 방법이 달라졌습니다. 오래된 책들에서 유명한 저자들의 이름이 눈에 들어옵니다. 예를 들면, 《저스트, 킵, 바잉》 저자 닉 매기울리는 《돈의 심리학》 모건 하우절의 책을 읽고, 인사이트를 얻어 책을 출간했다는 사실을 발견한 날이 있습니다. 닉 매기울리 책에는 전 세계 3천만 베스트셀러인 《돈의 심리학》 모건 하우절의 추천사가 들어 있었거든요. 《돈의 심리학》을 읽지 않았다면 《저스트, 킵, 바잉》이란 책을 놓칠 뻔했죠. 어떤 책을 출간했는지 저자의 철학을 파악하면, 추천사를 통해 그 책이 전하는 거시적인 메시지를 예측할 수 있습니다. 책 고르는 안목이 조금씩 키워나가는 방법입니다. 물론 미시적인 내용은 책을 읽어야 알 수 있겠죠. 당신의 삶의 철학과 비슷한 가치관을 갖는 책들을 선택할 수 있으면, 양질의 책을 선택할 수 있습니다. 책의 효용성이 훨씬 높아지죠. 읽고 후회하는 책이 줄어들 겁니다. 책 읽는 시간이 쌓이면, 독서에도 복리 효과를 확인할 수 있습니다.

　2023년 국민 독서 실태조사 결과에 따르면, 성인의 독서량은 네 권 정도였습니다. 인스타그램에서 북스타그램을 계정을 운영하는 사람들은 한 달을 마무리하거나 해를 마무리할 때 읽은 책을 피드로 만들어 공유하곤 하는데요. 제가 팔로우하는 북스타그래머들의 월간 평균 독서량은 네 권 이상이더군요. 연간으로 따지면 100권 이상 읽는 사람도 꽤 되는 듯 보였고요. 저는 월평균 최소 다섯 권, 많을 때는 열 권 이상 읽을 때가 있는데요. 2023년에는 128권 읽었습니다. 2017년 이전까지는 1년에 한 권 겨우 읽던 제가 말이죠. 평소에 책을 안 읽는 사람보다 책을 읽는 사람이 더 많이 읽는다는 말을 이해할 수 있었습니다. 복리의 격차가 점점 커지겠지요?

《망원동 브라더스》, 《연적》, 《불편한 편의점》을 쓴 김호연 작가는 2007년 전업 작가로 시작했습니다. 2020년대 가장 많이 팔린 소설 《불편한 편의점》은 주요 서점 80주 연속 종합 베스트셀러 10위, 전 세계 23개국 판권 수출, 150만 부 판매까지 이뤄낸 책이기도 합니다. 긴 무명 시절을 견뎌내고 "돈키호테처럼 모험을 멈추지 말 것"이라는 메시지를 담은 《나의 돈키호테》를 2024년 4월 출간했습니다. 17년의 세월이 걸렸습니다. 한국경제신문과의 인터뷰에서 돈키호테가 세비야, 바르셀로나까지 계속 걸으며 이야기를 마무리했듯이, 꿈을 가지고 매일 걷다 보면 결국 이야기가 완성될 테니 모험을 그만두지 말고 돈키호테처럼 계속 나아가기를 바란다는 말을 남겼습니다.

당신도 소설 같은 꿈의 스토리를 현실로 만들어가는 인생의 모험 단계에 있습니다. 복리란 절대시간 투자법칙이 적용되지요. 10년, 20년, 30년 기간이 길어질수록 복리 효과를 톡톡히 봅니다. 습관에도

습관은 시스템이다

복리가 붙게 되거든요. 습관 시스템을 만드는 초기에는 힘을 빼야 오래 할 수 있습니다. 포기하고 싶고, 그만두고 싶을 때는 유연한 꾸준함으로 버티고, 견뎌내면서 말이죠. 결승점을 향해 계속 나갈 수 있도록 복리가 붙는 동기부여 습관을 만드는 P턴 챌린지는 Pump, Pause, Play 마중물, 멈춤 그리고 놀이입니다.

7

Pin a Platform
성공의 플랫폼, 진짜 동료들

'[밀리의 서재] 독서모임 콘텐츠 협업 제안 드립니다.'

스마트폰 상단 알림창에 '밀리의 서재'라는 키워드가 보여 동공이 확장됐습니다. '밀리의 서재? 협업?' 바로 지메일 알림을 클릭합니다.

'안녕하세요, 이윤정 작가님. 저는 밀리의 서재에서 챗북 콘텐츠를 담당하는 임○○입니다. 작가님의 블로그 [파이어 북 라이팅]을 통해 연락을 드리며, 함께 독서모임 콘텐츠를 만들고 싶어 메일을 드립니다.'

밀리의 서재 챗북 담당자가 보낸 콘텐츠 협업 제안 메일입니다. 옆방에 있는 남편에게 쪼르르 달려갔습니다. 평소보다 목소리에 힘 좀 주며 협업 제안 메일 얘기를 꺼냅니다. 남편은 잘해보라는 한마디 툭하더니 모니터로 다시 고개를 돌립니다.

2018년부터 운영하던 블로그 대신, 2023년 10월 [파이어 북 라이팅] 블

습관은 시스템이다

로그를 새로 개설했습니다. 개설 후 7개월 정도 지난 시점일 때, 밀리의 서재 챗북 담당자가 블로그 독서모임 콘텐츠 보고 협업 제안을 해온 겁니다. 2024년 5월 14일 기준으로 블로그 이웃은 1,600명일 때입니다. 밀리의 서재와의 협업을 결정한 뒤, 2024년 평단지기 독서클럽 톡(Talk)후감 - 《히든 포텐셜》, 《사피엔스》, 《돈은, 너로부터다》, 《가장 완벽한 투자》, 《마흔에 읽는 쇼펜하우어》, 《우울할 땐 뇌과학》 6편을 발행할 수 있었습니다.

'BOOK IS WEALTH!'라는 슬로건을 만들었습니다. 책으로 시작해서 책으로 마무리 짓고 싶다는 생각에서죠. 직장생활만 하던 저에게 서점과 도서관은 새로운 전문가가 되는 방법을 발견한 장소입니다. 한 권의 책은 독서모임으로 이어졌고요. 사람들을 오프라인에서 만나기 시작했습니다.

'골든티켓' 독서모임은 2019년 12월부터 시작해 6년 차 독서모임입니다. '평단지기 독서클럽'은 2021년 6월부터 시작해서 지금까지 이어가는 중입니다. '북위키' 오픈채팅방은 2022년 6월에 개설하여 자기계발과 경제경영 재테크를 중심으로 인문, 철학 등 책과 독서모임에 관심 있는 130여 명이 모여 있습니다. 추가로 '주책이야'라는 술과 책이 함께하는 독서모임에도 참여했습니다. 작가들과 서평 쓰는 독서모임 '천무'에도 함께 하고 있죠. 고전을 함께 읽는 '우아한 고독'에도 참여한 적 있습니다. 독서 후 블로그와 네이버 카페, 인스타그램에 책 기대평이나 후기를 남깁니다. 독서모임에 참여하면 모임 후기도 기록하고 공유하죠. 기록이 쌓일수록 공감과 댓글로 소통하는 사람도 늘어납니다. 보이지 않는 신뢰가 구축됩니다. 황소북스 출판사에서 독서모임 지원 이벤트가 열렸습니다. 이기주 작가의 《보편의 단어》 친필 사인본 열 권을 지원해 준다고 합니다. 독서모임 지원 사유를 적어 제출했더니, 다섯 그룹 안에 독서모임으로 선정되기도 했습니다.

그룹 오픈채팅방에서 주고받는 대화는 1:N 대화입니다. 하지만 자신이 운영하는 SNS 플랫폼에 댓글로 소통하면 1:1이 됩니다. 함께 하고 싶은 전문가, 동료가 꾸준히 포스팅하고 있다면 그들의 플랫폼으로 건너가서 댓글을 꾸준하게 달았습니다, 어느 순간 저 자신도 그들에게 부끄럽지 않도록, 인연이 끊어지지 않도록 제가 할 수 있는 건 나눠야겠다는 생각이 들었습니다. 테이크만 하니 미안한 기분이 들었거든요. 기버가 저절로 됩니다. 제가 모르는 걸 찾다가 새로운 걸 알게 되면 공유했습니다. 혼자 알아야지 하는 것보다 다른 사람에게 공유하면 더 상세한 정보를 되돌려 받을 때도 많았습니다. N명의 그룹에서 혼자 정보를 나누면, N-1개의 정보를 받을 수 있으니 투자 효과가 좋습니다.

SBS 예능 프로그램 '틈만나면' 2회에서 '틈친구'로 배우 조정석이 출연했습니다. 두 명의 MC 유재석이 유연석과 함께 충무로와 남산 일대를 누비며 틈새 행운을 전하며 절친 케미를 보여주었습니다. 조정석은 유재석과 유연석이 프로그램을 같이한다는 이야기를 듣고 유연석이 진짜 성공했다는 생각이 들었답니다. 유연석은 유재석에게 빨대를 쫙

습관은 시스템이다

꽂았다며, 그래서 여기까지 왔다고 답변합니다. 유연석이 성공하지 않았다면, PD가 섭외하지 않았을 것이고, 유재석 또한 유연석과 함께 진행하고 싶지 않다고 했을지도 모르니까요.

내가 성장하고 중간에 포기하지 않으려면, 옆에 있는 잘나가는 동료에게 빨대를 꽂을 필요가 있습니다. 부정적인 의미가 아닙니다. 옆에서 쪽쪽 빨대로 빨아 마시기만 해서는 오래 못 갑니다. 상대의 그릇에 빨대를 쫙 꽂되 상대방도 빨대를 내 그릇에 꽂을 수 있도록 그릇을 키워나가야 오래 갑니다. 내 그릇에 담긴 내용물이 동나지 않도록 계속 채워주어야 하죠. 즉, 각자의 영역에서 계속 성장하여 서로에게 힘이 되는 전문가가 되어야 한다는 의미입니다. '가장 많은 시간을 함께 보내는 사람 다섯 명의 평균 모습이 바로 당신이다.'라고 미국 기업가이자 동기부여가 짐 론이 이야기했습니다. 나 자신이 포함된 다섯 명에는 누군가의 평균이 들어간다는 말이겠죠? 그러니까, 상대방에게도 나는 함께하고 싶은 사람이어야 한다는 얘기죠.

지금 당장 주변에 나보다 잘난 사람이 없다는 생각이 들면, 지금은 성장해야 하는 단계입니다. 자신만의 전문영역에서 내공을 쌓아가다 보면, 협업 제안도 들어올 수 있습니다. 함께 해보자고 먼저 제안해 볼 수도 있습니다. 그러기 위해서는 다른 사람들에게 신뢰를 보여줄 수 있는 무언가가 있어야 합니다. 학술적, 기술적으로는 논문, 보고서, 특허 같은 게 있겠지만, 요즘 현대 사회에서는 SNS 플랫폼이 자신의 포트폴리오가 되어가는 시대입니다. 아직 SNS 플랫폼에 어떤 글도 없다면,

지금부터 시작해도 됩니다.

　직장 또는 사업장에서 얻은 경력은 그 일을 그만두고 나면 쓸모없는 경우가 될지 모릅니다. 비즈니스 경력 대신 개인의 경력이 더 중요해지고 있죠. 업종을 바꾸면, 중요하지 않은 위치가 되기도 합니다. 오히려 비즈니스 경력보다 자기 경험을 통해 어떤 업종에서든 활용할 수 있는 전문화된 개인 실력이 요구되는 시기입니다. 내 주변 사람들의 그릇이 작다면, 내 그릇이 작아서입니다. 먼저 그릇을 키우면 됩니다. 그러면 그들도 성장하여 함께 나눌 수 있습니다. 파이가 점점 커집니다. 파이가 커지면, 나눠지는 분량도 커집니다. 지금은 우리가 가진 게 천 원의 가치에 불과하더라도, 만 원, 십만 원, 백만 원, 천만 원 이상까지도 키워나갈 수 있습니다. 처음엔 주변 사람과 나눌 파이가 작을지 모릅니다. 하지만 서로의 시간을 들여 그릇을 키워나간다면, 분명 다른 사람에게서 나눠 주고, 받아 오는 양도 점점 늘어납니다.

　블로그와 인스타그램, 스레드, 블로그에 회원가입했습니다. 전문가처럼 보이는 이웃에게 핀을 꽂았습니다. 팔로우하거나 이웃 추가하는 방식으로요. 핀이 빠지지 않도록, 댓글을 남겼습니다. 포스팅한 글에 제 생각을 댓글로 남깁니다. 아이디어가 떠오르면 눈 플랫폼에 기록하고 공유합니다. 관심 있는 사람의 계정은 알람 설정하고 챙겨봅니다. 저는 자기계발, 경제경영 분야 책 소개와 독서모임, 서점 산책, 글쓰기 수업을 기록하고 있습니다. 지치지 않고 계속해 나갈 수 있도록 저만의 스타일대로 포스팅합니다. 함께하고 싶은 이웃 전문가도 포기하거

습관은 시스템이다

나 지치지 않도록 반응을 보여줍니다. '두 개의 맞닿은 연못(麗澤)이 서로 물을 대주어 마르지 않는다(相注)'는 《주역(周易)》 태괘(兌卦)에서 유래한 '이택상주(麗澤相注)'로 살아간다면, 서로 도우며 함께 성장하는 관계를 유지할 수 있습니다.

글을 쓰면, 예상치 못한 행운이 기하급수적으로 당신에게 찾아올 겁니다. 처음에는 지지부진할 수 있습니다. 그 단계를 넘어가야 하죠. 돋보기를 들고 한 곳에 초점을 맞추면 불이 타오릅니다. 에너지가 분산되면요? 불이 붙지 않아요. 실력을 쌓으면, 누군가 당신에게 협업이나 제안의 손을 내미는 날이 옵니다. 그동안의 신뢰가 보이기 때문입니다. ○○분야 전문가로 이루어진 다섯 명의 그룹 안에서 당신을 발견하게 될 겁니다. 습관을 만드는 P턴 챌린지는 Pin a Platform, 핀을 SNS 이웃에게 고정하고 동반 성장해 가는 과정입니다.

8

Postponement
자정이 넘어도 꾸역꾸역

"윤정 작가님~~♡ 제가 어제 S 작가 인스타 무료 특강을 들었는데, 인스타그램 수익화 챌린지를 진행한다고 하네요! (중략) 혜택이 좀 많아서 저는 이거 하기로 했거든요. 근데 윤정 작가님도 인스타를 키울 생각 있으실까? 떠올라서 알려드려요."

"저는 꼭 수익화할 생각은 없고, 인스타그램 신기능으로 저를 더 알리는 데 목적을 두고 있어요.♡"

2023년 10월 4일 새벽 6시 44분 지지지 작가에게서 카톡 하나가 와 있었습니다. 특강 내용과 오픈채팅방 입장 링크였죠. 인스타그램 바다에서 제가 허우적거리는 모습이 안타까워 보였나 봐요. 챙겨줘서 고맙다고 일단 메시지를 보냈지요. 챌린지는 총 10주 (1일 1릴스) 과정이었습니다. 오픈채팅방에서 저녁 6시에 강의 링크를 공지한다고 합니다. 선착순 100명. 일단 입장해 봤습니다. 지지지 작가는 제가 입장하기 전에 올라온 공지문을 캡처해 보내주었습니다.

습관은 시스템이다

'참여금 5만 원, 보증금 10만 원(완주 시 100% 환급)'

원래는 75만 원에, 오프라인에서 진행할 예정이었는데, 인스타그램 1기 챌린지에서 최초로 공개한다는 내용이었습니다. 전에 읽은 적 있었던 책 저자이자 30만 팔로워를 보유한 작가였습니다. 이미 팔로우도 하고 있었죠. 할까 말까 망설였습니다. 어쨌든 100일 동안 릴스를 만들어야 한다니까요. 12월 초에는 하와이 여행을 계획해 둔 상태이기도 했고, 수업 시간이 겹쳐서 실시간으로 강의 참여도 어려웠기 때문이죠. 인스타그램에서 '릴스'를 띄운다는 이야기가 들렸습니다. 한 번 정도는 배워보고 싶었죠. 100일 완주는 자신 있었거든요. 그러면 비용을 돌려받으니, 가격은 5만 원 상당이라 합리적인 가격이라는 생각에 일단 신청하기로 마음먹었습니다. 오픈채팅방에는 천 명이 넘는 사람들이 있었어요. 100명 안에 들어가려면 '땡' 하자마자 신청해야겠다는 생각이 들었죠. 신청 완료했습니다.

'작가님 빠름♡'

지지 작가의 채팅 댓글이 보이네요. 첫 강의 시간 챌린지 안내를 받았습니다. 1일 1릴스와 더불어 하루 한 페이지 책을 필사까지 챌린지에 포함되었습니다. 1회 차 특강을 들은 후 챌린지에 참여할지 그만둘지 선택권이 있었습니다. 글쓰기 연습도 할 겸 '필사' 도전도 나쁠 건 없겠더군요. 대신 시간이 필요했을 뿐입니다. 계속 진행하기로 했습니다. 글쓰기 수업 시간에 알게 된 김훈 작가의 《연필로 쓰기》

를 필사하면 좋겠다는 아이디어도 떠올랐습니다. 교보문고 가서 책을 샀습니다. 필사 노트는 여행 중에도 무겁지 않도록 A5 20링 바인딩 노트를 선택했고요. 주황색 스테들러 연필 두 자루도 준비합니다. 1주 차부터 7회차까지 매주 화요일 인스타 강의가 있었습니다. 제가 책쓰기 정규수업이 화요일에 있어서 강의가 겹쳤습니다. 인스타그램 수업은 실시간으로 참여할 수 없었습니다. 다행히 줌(Zoom) 영상 녹화본을 제공받았어요. 시간 될 때 녹화본으로 공부해야 했습니다. 궁금하던 릴스 제작 방법을 익혔습니다. 예를 들면, 움직이는 영상에 텍스트를 표현하고, 내 목소리 대신 인공지능 목소리가 나오도록 릴스를 제작하는 방법도 배웠습니다. Vrew 프로그램은 직접 사용해 본 적이 없었는데요. 강의 동영상을 보면서 하나씩 만들어 보니 저도 그런 영상을 만들 수 있게 되었습니다. 인스타그램에 댓글을 달면 자동으로 DM을 보내는 매니챗(manychat) 기능도 배웠습니다. 종종 보이던 '이랬는데, 요래 됐습니당' 릴스 제작법도 들어 있었고요. 강의 영상을 모두 내려받았습니다.

1일 1릴스, 즉 하루에 영상 하나를 만들기 시작했습니다. 처음에는 기존에 제가 하던 방식대로 릴스를 제작했습니다. 녹화본을 볼 시간이 없었거든요. 조금씩 자료를 보고, 릴스에 적용해 봅니다. 드디어 텍스트를 입력하면 자동으로 AI 음성으로 변환되고 동영상에 포함되는 릴스를 완성할 수 있었습니다. 자정까지 인증해야 합니다. 밤 열한 시까지 못 만든 날에는 마음이 조급해졌습니다. 처음에는 1릴스를 만드는 데 한 시간 이상 걸릴 때도 있었거든요. 조금씩 익숙해지자 20분에 릴스 하나를 만들 수 있게 됐습니다. 책 필사는 10분 내외면 충분했고요. 챌린지 완료 시간이 어느 정도 틀이 잡혔습니다. 필사는 미리 해둡니다. 부담이 적습니다. 밤 열한 시 삼십 분까지만 릴스 작업을 시작하면 인증에 성공할 수 있었습니다.

글쓰기 수업이 밤 열한 시에 끝나는 날은 후기 쓰고, 잠깐 어영부영하니 시작이 점점 늦어집니다. 하루는 밤 열한 시 오십 구분에 올렸습니다. 한 번 늦어지니 계속 마감 시간 근처로 아슬아슬하게 영상을 올리는 게 습관이 되는 듯합니다. 릴스는 영상이라 업로드에도 몇 초 걸리거든요. 여유를 갖고 업로드해야 합니다. 그러던 어느 날,

"어머! 열두 시가 넘었네."

결국 인증 마감 시간을 놓치고 말았습니다. 카카오톡에 업로드한 릴스 영상 링크를 공유했습니다. 다음 날 12시 00분으로 찍혀버렸더라고요. 속으론 '그래도 12시니까 괜찮지 않을까?'생각하기도 했는데요. 한편으론 아쉬움과 후회가 밀려왔습니다. 며칠 후 똑같은 상황이 생겼습니다. 링크를 공유하니 또 12시가 넘어버립니다. 그럼에도 인증을 악착같이 그리고 꾸준하게 했습니다. 릴스를 성장하기 위한 시간으로 100일을 정했기 때문입니다. 하와이 여행을 갔을 때는 시차를 고려하다 보니 더 헷갈렸습니다. 이동하는 날에는 시간 맞추기가 더 어려웠습니다. 하와이와 서울은 19시간 시차가 있었기 때문입니다. 책과 노트, 연필을 챙겨서 하와이로 갔습니다. 다행히 하와이 여행 중에도

1일 1릴스를 만들 수 있었고, 필사를 꾸역꾸역했습니다.

한국에 돌아오니 릴스 만드는 시간이 다시 늦어졌습니다. 12시를 넘기고 릴스를 공유하는 횟수가 서너 번 되고 나니 챌린지를 포기하고 싶은 마음도 들 때가 있었습니다. 하지만 저와의 약속인 만큼 12시가 넘어도 할 건 하자고 생각했습니다. 드디어 해가 지나고 2024년 1월 100일 챌린지가 끝났습니다. 인증 완료자를 체크하고 확인하는 데 한 달 이상 걸렸습니다. 결국 저는 챌린지에 통과하지 못해 보증금을 환급받지는 못했지만, 저와의 100일 도전 릴스 약속은 지킬 수 있었습니다.

챌린지가 많습니다. 인증을 정해진 시각까지 해야 합니다. 인증 시간을 12시가 아닌 내가 잠들기 전까지로 정했습니다. 다른 우선순위에 밀려서 하지 못한 일이 있다면, 잠들기 전까지 하고 잡니다. 이 책을 쓰면서 초고를 쓰는 계획을 세웁니다. 오늘 아침에 세운 계획은 초고 쓰기였습니다. 그런데 다른 일을 처리하느라 초고를 쓰려고 한글 파일을 연 시간이 밤 11시 30분이 넘었을 때입니다. 오늘 아침에 세운 계획이고 타인과 공유했던 일정이기에 한 편을 마무리하고 자려고 애를 씁니다. 시계를 보니 지금은 새벽 1시 24분이네요. 습관을 만드는 P턴 챌린지는 Postponement, 마감 시간을 내가 잠들기 전까지 연기하는 습관입니다.

9
Principle
365일 나만의 원칙

기록이 쌓이면 내가 된다

기록이 쌓이면 스토리가 된다,

기록이 쌓이면 브랜드가 된다.

기록이 쌓이면 이력이 된다.

기록이 쌓이면 덕력이 된다.

네이버 블로그에 기록하라는 캠페인이 있었습니다. '#주간일기챌린지'라는 챌린지입니다. 한 주간의 일상을 한 번에 모아 쓰는 일기로 주 1회 4주 동안 운영했던 기록입니다. 네이버에서 운영하던 챌린지인만큼 매주 천 명을 추첨해서 네이버페이 5만 원을 지급했습니다. 한 주에 한 번 일기를 '블챌'카테고리에 기록하면 됩니다. 참여하면 주간일기 스티커를 발급해 줬습니다. 한 번만 참여해도 이달의 주간일기 스티커를 제공해 준다니 저도 참여하기로 마음먹었습니다. 6개월간 운영되었고, 매주 챌린지 일정에 따라 일주일에 한 번 제 삶을 정리하는 시간으로 보냈습니다.

일주일에 한 번 제가 살고 싶은 아파트 단지의 시세 기록했습니다. 매매가, 전세가, 매물 수, 최근 실거래가를 매주 확인하다 보니, 부동산 가격이 오르는지 떨어지는지 알 수 있었습니다. 일주일 동안 읽고 있는 책도 기록했습니다. 강의는 어떤 강의를 들었는지 배움의 즐거움도 기록으로 남겼습니다. 행복한 기억으로 독서클럽, 책 쓰기 수업, 아빠 집 이사 프로젝트 등을 남기기도 했고, 갑작스러운 프로젝트 추진으로 전략적으로 포기하며 우선순위를 정했던 기록도 남겨두었습니다. 성공한 기억도 적습니다. 쓰담이라는 쓰레드 글쓰기 프로젝트, 브런치 스토리 글쓰기도 도전했죠. 각종 SNS에 남긴 게시물 수도 기록으로 남겼습니다. 기록하기 전과 기록을 하고 나서부터는 달랐습니다. 휘리릭 잊히는 기억을 글로 남길 수 있었습니다. 저뿐 아니라 다른 블로그 이웃들의 주간 일기 챌린지 보는 재미도 있었죠. 다들 어떻게 지내는지 글을 읽으면서 댓글로 공감하거나 소통할 거리가 생겼기 때문입니다. 그런데 6개월 후 챌린지가 끝나고 나니 주간일기 작성하는 글들이 사라지기 시작했습니다. 비록 한 달에 한 번 스티커를 받고 싶어 저도 시작했습니다. 6개월 지나니 일주일에 한 번 생각 정리하는 습관이 도움이 되어서, 습관을 유지하면 좋겠다는 생각이 들었습니다. 저만의 스타일로 일 년간 챌린지를 운영했던 기억이 납니다. 지금은 새로운 블로그에서 KPT 기록으로 스타일을 변형하여 기록을 남기는 중입니다.

습관은 시스템이다

끈기 프로젝트 독서편 리더로 활동한 적 있습니다. 끈기 프로젝트 독서편은 100일 동안 독서 습관을 기르는 챌린지였습니다. 리더로 지원했더니 운 좋게도 콘텐츠 리더팀 일원으로 선정되었죠. 리더들은 다섯 개의 끈기 프로젝트 오픈채팅방에 모두 참여했어요. 독서리더 자리인 만큼 참여하는 사람들에게 독서에 대한 도움을 주겠다는 사명감이 생겼습니다. 2022년 10월 17일부터 매일 독서하고, 독서 관련 어록을 만들어 블로그에 남겼어요. 인스타그램에서는 스토리 공유를 통해 인증을 계속해 나갔습니다. 참여 회원들을 응원하려고 하루 30명에게 공감과 댓글을 남겼어요. 100일 종료 후 제게는 100개의 콘텐츠가 남았습니다. 100일 후에는 오픈채팅방 다섯 개가 모두 사라진다고 했습니다. 참여자들은 아쉬워했고요. 다른 소통은 없었고, 독서 인증만 공유하는 채팅방이었을 뿐이지만, 함께 하는 공간이 사라진다는 느낌이었나 봐요. 각자 인스타그램이나 블로그에 개인적으로 인증을 이어갈 수 있는 챌린지였습니다. 100일 종료 후 오픈채팅방이 멈췄습니다. SNS에서 끈기 프로젝트 독서 인증을 하는 사람들이 확연히 줄어들었습니다. 해시태그를 검색해 봤지만, 지금까지 꾸준하게 하는 사람은 몇 명뿐인 것처럼 보입니다.

습관 만들 때 챌린지 도움을 받되, 챌린지 참여가 목표가 되어서는 안 됩니다. 함께 '으쌰으쌰' 응원하며 소통하면 멀리 갈 수 있습니다. 하지만 어느 순간 리더가 사라지거나, 동료가 사라지는 상황도 생길 수 있습니다. 그럴 때 내 습관이 무너지지 않도록 내버려 두어서는 안 되죠.

챌린지 시작할 때, 인생의 목표가 무엇이고, 왜 챌린지를 하는지 이유와 목표가 명확해야 합니다. 그래야 주변 환경이 흔들려도 내 습관과 위대한 목표가 무너지지 않거든요.

목표를 잊지 않도록 매일 목표를 떠올릴 수 있는 시스템이 필요합니다. 바쁘게 일상생활에 몰입하다 보면, 목표를 쉽게 잊는 경우가 있었습니다. 챌린지가 없으니, 강제성도 사라져 그냥 넘어가기 쉽죠. 그럴때일수록 스스로 목표를 떠올리는 시간을 강제로 되뇔 수 있는 시스템이 도움이 됩니다. 윈도우 바탕화면에 써두거나, 스마트폰 배경 화면에 세팅하거나, 비밀번호를 목표로 정하거나, 혼자만의 오픈채팅방을 만들어 방장봇을 만들고, 시간 되면 자동 알람이 울리게 만듭니다. 끈기에 대한 입력을 자동화하는 과정이지요.

토니 로빈스의 《거인의 생각법》에 따르면 '끈기는 힘이 세다'고 설명하고 있습니다. 끈기는 재능을 뛰어넘는 힘을 가지고 있으니, 포기하지 말고, 몰두하고, 최선을 다하라고 말합니다. 지금까지 우리가 실패했던 이유는 바로 도전을 중단했기 때문입니다. 끈기는 원칙이 필요합니다. 원칙이란 네이버 국어사전에 따르면 '어떤 행동이나 이론 따위에서 일관되게 지켜야 하는 기본적인 규칙이나 법칙'이자 '다른 여러 명제가 도출되는 기본 논제'로 설명되고 있습니다. 다른 사람의 원칙이 아닌 나만의 원칙을 정하고, 따라야 합니다. 원칙은 일관되게 지켜야 합니다. 습관을 원칙으로 정하면, 불가피한 상황이 발생해도 가능하면 예외 사항을 두지 않고 해내게 됩니다. 《거인의 생각법》은

365개의 챕터로 구성되어 있습니다. 혼자 습관 만들기 어렵다 싶으면, 이 책을 옆에 두고 매일 한 페이지씩 읽고 생각을 따라가 보면 좋습니다. 당신이 고용한 토니 로빈스가 든든하게 옆에 있어 주리라 생각됩니다.

*1년 365일 매일 읽을 수 있는 책

《채근담》, 홍자성, 휴머니스트, 2017
《데일리 필로소피》, 라이언홀리데이, 다산초당, 2021
《하루 한 장 고전 수업》, 조윤제, 비즈니스북스, 2022
《거인의 생각법》, 토니로빈스, 알에이치코리아, 2023
《금융의 교양 365》, 김정수, 캐피털북스, 2023
《365일, 최재천의 오늘》, 최재천, 이음, 2024
《멋지게 나이들고 싶은 사람을 위한 인생 명언 365》, 최혁순, 빅마우스, 2024

매년 같은 책을 반복해서 읽어도 좋습니다. 365일 일력도 다양하게 있습니다. 당신의 생각은 매일 새롭게 바뀝니다. 일 년 후 당신은 과거가 될 오늘보다 성장한 당신을 만나죠. 챌린지가 종료되더라도 자신이 이루고자 하는 목표를 향해 영구적으로 지속하는 힘이 생길 거예요. 결승선에 도달하는 습관을 만드는 P턴 챌린지는 Principle, 즉, 365일 나만의 원칙을 만드는 일입니다.

10

Progress
앞으로 나아가기

나만의 원칙대로 습관 시스템을 꾸준히 유지하려면 앞으로 더 나아질 수 있도록 시간을 내야 합니다. 후퇴하는 방향성 대신 앞으로 나아가야 하죠. 운동하지 않으면 금방 근육이 빠지듯, 습관도 지속하지 않으면, 금방 무너집니다. 아플 때나, 바쁠 때 문제(problem)가 발생할 수 있지요. 그럴 때일수록 앞으로 나갈 수 있도록 긍정적 가능성(possiblities)에 대해 연구가 필요합니다.

미용실에 다녀온 지 일 년이 지났습니다. 저는 곱슬머리입니다. 비만 오면 머리가 부스스하게 꼬불거립니다. 머리카락이 가늡니다. 머리를 묶으려고 손으로 잡으면 엄지와 검지 두 마디가 겹칠 정도로, 오십 원짜리 동전 지름 크기만큼도 숱이 적습니다. 비가 오면 겉으로 보기에 머리숱이 갑자기 많아 보이죠. 미용실에 가면 매직 세팅 펌을 합니다. 한 번에 두 가지를 하죠. 머리 뿌리에는 매직 스트레이트를, 머리 아래쪽에는 세팅으로 볼륨을 줍니다. 전체 머리카락을 매직

습관은 시스템이다

스트레이트로 한 가지로 하면 숱이 적어서 머리카락이 거의 없어 보이거든요. 한번 미용실에 가려면 큰마음을 먹어야 하는 이유입니다. 최근에는 미용 기술이 좋아져서 시간이 세 시간 내외 걸리지만 처음 매직 세팅했을 당시에는 미용실에서 네 시간에서 다섯 시간을 보냈어야 했었죠. 요즘도 미용실 왕복 시간까지 더하면 네 시간 이상 시간을 내야 합니다. 이 글을 쓰다 보니, 더 이상 미루면 안 될 듯하여 미용실에 방문 예약 전화를 했네요. 내일 시간을 내기로 했습니다. 더 깔끔한 모습으로 바꾸기 위해서는 시간을 내서 길이도 자르고 매끈하게 다듬어야 하죠. 습관도 마찬가지예요. 더 깔끔한 시스템을 만들기 위해서는 자신에게 맞는 스타일대로 조정할 수 있도록 시간이 필요합니다.

퇴직 이후에 남편과 매일 집에서 시간을 보냅니다. 아침, 점심, 저녁 매 끼니를 사 먹는 건 쉽지 않았습니다. 매주 2회 이상 반찬을 사다 먹곤 했습니다. 집에서 요리를 안 했거든요. 그것도 몇 년 지나니 반찬가게에서 먹고 싶은 반찬도 하나둘 사라지더군요. 사 먹는 음식 원산지도 어딘지 모르고, 들어가는 양념도 입맛보다 달고, 짠 음식이 많았습니다. 오십을 바라보는 나이. 이제 건강식을 챙겨야겠다는 생각이 듭니다. 집 앞에 있는 한 살림 매장과 온라인 오아시스 매장을 이용해서 식재료를 삽니다. 8년 만에 다시 집밥 시스템으로 돌아왔어요. 집에 있는 양념부터 다시 교체합니다. 냉장고와 싱크대를 열어 보니 모두 유통기한이 지났더군요. 얼마나 요리를 안 해 먹었는지. 간장, 고추장, 식초, 올리고당 대신 마이노멀 알룰로스, 멸치액젓, 마늘, 양파, 배추, 당근, 오이, 토마토, 호박, 두부 기본 식재료 쇼핑을 하나씩 사야 했습니다. 김치찌개, 된장찌개, 샐러드, 김밥, 카레, 스파게티, 부침개, 비빔밥, 소시지 야채볶음, 멸치볶음, 맛살, 두부전, 떡볶이 등 몇 가지 요리를 했습니다. 한 달쯤 지나니 집에서 계속 같은 요리만 나옵니다. 제 머릿속에서 꺼낼 수 있는 조리법에 한계가 있었던 거죠. 집밥 메뉴에 변화를 주려면, 시간을 내서 다양한 요리법에 대해 찾아봐야 했습니다. 아는 만큼 보인다고 하잖아요. 어렵지 않아도 다양한 음식 메뉴가 많이 있었습니다. 팟타이, 간장 돼지불고기, 야채 샤브샤브, 만두전골, 매생이굴국, 찜닭, 도토리묵밥, 사과 청경채 무침, 칠리새우 볶음, 닭가슴살 양배추 볶음, 오징어숙회 등 집밥 메뉴에 조금씩 변화가 찾아왔습니다. 간장에서 고추장으로 양념 하나만 바꿔도 새로운 메뉴가 되죠. 시간을 내면 더 다양한 요리법과 메뉴를 발견할 수 있습니다.

습관 시스템도 변화가 필요합니다. 매일 아침 평단지기 독서한 지 8년 차입니다. 평단지기 독서란, 첫째, 책을 10분 읽고 한 문장 골라 오늘 문장으로 선정합니다. 둘째, 오늘 생각으로 한 문장에서 세 문장 정도 기록합니다. 셋째, 당장 오늘 할 수 있는 오늘 행동을 아주 작게 정하는 저의 독서법입니다. 1년, 2년, 3년 지나면서 독서와 기록 스타일은 몇 차례 바뀌었습니다. 바쁠 땐 하루 5분 독서하고, 시간 여유 있거나 두꺼운 분량의 책은 하루 20분 이상 독서할 때도 있었죠. 처음은 기록시간도 오래 걸렸습니다. 지방 출장을 가거나, 약속이 있거나, 아픈 날에는 간단하게 사진 한 장 찍어 기록을 남기는 게 전부인 날도 있었습니다. SNS에 공유하기 위해서는 이미지를 어디서 찾아야 하는지, 이미지에 제목과 문장을 적는 방법은 무엇인지, 블로그 템플릿을 어떻게 활용하는지 시간을 내서 찾아봐야 했습니다. 그게 바로 문제를 해결하는 방법이었습니다.

자신이 여전히 좀 부족하다고 생각하는 게 있을까요? 반대로 이건 잘하는데 마무리까지 못 하는 게 있나요? 시작은 창대하지만 마지막까지 해내는 힘이 부족할 때 추천하고 싶은 방법을 알려드릴게요. 무슨 일이든 끝을 내지 못하는 편이고, 대신 무엇이든 시작을 잘한다면, 끝맺지 못한 일이 많아 아쉬울 때도 있겠지만, 여러 가지 다양한 경험을 찾아봄으로써 내 삶이 풍성해질 수 있습니다. 유튜브, 블로그, 인스타그램, 책 등 영상과 글로 검색하면 지금 보다 나은 시스템을 만드는 방법은 다양합니다. 당장 습관 시스템을 시작할 수 있습니다. 시간을 내어 질문을 한번 해보면 어떨까요? 더 나은 내일을 위한 연구 시간이 나를 꾸준하게 움직이도록 만들어 주거든요. 한 번의 기회라면 인터넷에서 여러 가지 방법을 찾아보고, 모든 방법을 하나씩 따라 하면서 최적의 해결책을 찾아서 하고 싶습니다. 그런데, 한 번이 아닌 두 번, 열 번, 백 번, 천 번, 만 번을 해야 한다면요? 특별한 게 아닌 단순하고 쉽게 만들어야 합니다. 기회가 있다면, "어떻게 개선할 수 있을까?" "쉽게 하는 방법은 뭘까?" 딱 하나 고쳐 보겠다는 마음으로 시간을 냅니다. 습관에 파고드는 이유, 즐거움, 반복, 이 세 가지 요소를 하나의 질문으로 바꾸면 "10년 이상 유지하려면 무엇을 해야 할까?"입니다.

습관은 전진입니다. 시간을 내어 딱 한 가지 전진할 수 있는 방법을 찾는 일입니다. 피드백이 아닙니다. 과거를 되돌아보는 게 아닌, 앞으로 피드포워드가 필요합니다. 문제점을 발견하며 자신을 탓하기보다는, 한 가지 습관을 새로 시도한 것 자체에 100점을 줍니다. 긍정적인 가능성을 조언받고, 습관 시스템을 개선하면 되는 일입니다. 습관을 만드는 P턴 챌린지는 Progress, 앞으로 나가는 일입니다.

11

Persona

잃지 말아야 할 페르소나

스팸 광고가 수시로 옵니다. 여론조사, 광고/홍보, 보험 권유, 폰/인터넷 판매, 해외 피싱까지. SKT에서 제공하는 에이닷 어플을 사용합니다. 안심 통화 기능이 있거든요. 자동으로 스팸/피싱을 걸러주죠. 처음 보는 전화번호나 스팸 신고된 전화는 수신하지 않고 곧바로 종료 버튼을 누르거나 꺼질 때까지 그냥 둡니다. 유튜브 무료 버전은 광고가 처음과 중간에 나옵니다. 중간광고 나오는 게 불편하고, 화면을 끄고 들을 수 없어서 유료로 프리미엄 결제를 하고 있습니다. 인스타그램, 블로그, X(구. 트위터), 페이스북 등 현대인은 수많은 광고에 노출되어 살아갑니다. 아파트 엘리베이터에도 광고판이 설치되어 있고요, 지하철, 버스, 택시조차 광고판을 싣고 다니죠. 사실, 정말 좋은 제품은 광고 없이 입소문으로 빠르게 퍼져 나갑니다. 좋은 건 막 소문내고 싶은 본능이 인간에게 있잖아요. 광고해도 효과가 없는 이유는 사람들이 관심이 없기 때문입니다. 관심 없는 사람들에게 광고하는 건 돈이 새어 나가는 일입니다.

해결책은, 시간이 다소 오래 걸리더라도 본질에 더 충실한 눈에 띄는 습관으로 결과를 만들어 내는 일입니다. 작가라면 글을 써야 하고, 대학원생이나 교수님들은 논문을 발간해야 하고, 연구소나 기업에서는 특허 출원과 연구를 해야 하고, 학원에서는 입시에서 SKY 대학에 몇 명의 아이를 입학시키느냐가 관건입니다. 부동산은 동네에서 1등을 찾아야 합니다. 주식도 1등 기업을 분석해야 합니다. 그렇지 않으면 존 보글의 《모든 주식을 소유하라》처럼 인덱스 펀드를 선택하거나요. 간판 없는 카페나 식당도 손님이 찾아오는 경우가 많습니다. 모두 본질에 충실했기 때문이죠.

갑자기 웬 광고이야기냐고요? 바로 당신이 습관을 만들어서 원하는 걸 이뤄나가는 과정에서 새로운 페르소나가 필요해서입니다. 단, 페르소나를 정할 때 절대 잃지 않아야 할 게 있거든요. 그걸 알려드리려고요.

《보랏빛 소가 온다》 저자 세스 고딘은 마케팅 구루입니다. 눈에 띄는 퍼플 카우라는 단어를 만들었죠. 광고 대신 혁신을 이야기합니다. 즉, Product(제품), Pricing(가격), Promotion(촉진), Positioning(포지셔닝), Publicity(홍보), Pakaging(포장), Passalong(회람), Permission(허락)이 새로운 P를 만들어 눈에 띄는 퍼플 카우의 핵심이라고 설명하고 있습니다. 일자리 찾을 때는 이력서도 없이 그냥 가까운 사람들에게 추천받아 채용하는 경우가 많다고 이야기합니다.

습관은 시스템이다

딱 한 분야에 초점 맞추고 전문성을 기르고 싶다면, 그 분야의 최고가 된 모습으로 페르소나(persona)를 설정합니다. 그 페르소나에 맞게 전문적인 사고와 정보를 온라인, 오프라인으로 공유를 시작합니다. 일정 시간이 지나고, 정보가 누적되면, 그 분야가 필요할 때, 전문가의 임무를 수행할 수 있습니다. 전문가가 되기 위해 블로그나 SNS 채널을 전문화해 나가는 게 필요하죠. 오히려 모든 걸 잘하는 사람일수록 찾아내기가 더 어렵습니다. 하나만 딱 잘하면 그 분야가 필요할 때, 찾아오게 되어 있습니다. 바로 당신이 보랏빛 소, 뾰족한 페르소나입니다. 보랏빛 소처럼 눈에 띄는 페르소나를 만들기 위해 저도 새 블로그에 기록을 시작한 것처럼요.

첫째, 내가 잘하는 것부터 쭉 적어봅니다. 브레인스토밍부터 해봅니다. 예를 들면, 독서, 재테크, 투자, 요리, 강의, 글쓰기, 꾸준하기, IT 기기 다루기 등 다양한 분야가 있습니다. 더 상세하게 들어가야 합니다. 독서도 자기계발서, 소설, 에세이, 역사, 경제경영서, 재테크 등으로 구분되며, 그 안에서도 더 깊이 들어갈 수 있죠. 자기계발서에도 성공/처세, 자기 능력 계발, 비즈니스 능력 계발, 인간관계, 화술/협상, 청소년 등으로 구체화합니다.

둘째, 그중에서 다른 사람들에 내게 자주 물어보는 것이나, 칭찬을 많이 듣는 것을 고릅니다. 예를 들어서, 책 추천하면 좋아한다거나, 동네 소식을 물어본다거나, 맛집을 물어본다거나, 달리려면 어떻게 해야 한다거나, 요리하는 법, 카드뉴스는 만드는 법, 릴스 제작법 등 다양할 수 있죠.

셋째, SNS에 매일 공유하는 일입니다. 당신의 페르소나를 계속 공유하다 보면 사람들이 하나둘 찾아옵니다. 한두 명씩이라도 검색해서 찾아오는 사람이 있다면, 팬이 되도록 만듭니다. 무료 특강을 하면서 사람들이 궁금한 것을 질문받아도 좋습니다. 글보다는 아무래도 주고받는 대화가 편하거든요. SNS든 주변 사람들을 모아서 무료 특강을 시도해 보면, 그들이 진짜 내게 무엇이 궁금한지 찾아갈 수 있습니다. 내가 하고 싶은 말보다 다른 사람이 듣고 싶은 말을 해주고 고민을 해결해 줄 때, 존재가치가 더 높아집니다.

이렇게 나의 페르소나를 만들어갈 때 놓치지 않아야 할 게 있습니다. 자율도서 독서모임을 개최한 적이 있습니다. 서울에 살다가 지방에 내려가 살게 된 육아 중인 엄마였는데요. 육아서만 50권 이상 읽다가 우연히 허지웅의 《살고 싶다는 농담》에 대한 책을 읽었다고 합니다. 저는 허지웅 작가의 책을 한 번도 읽어 본 적 없습니다. 대신 독서모임에서 공감하기 위해 사전 정보를 찾아봤습니다. '교보문고 X tvN 인사이트 2020 명강의 Big 10 EP.2 허지웅 편'을 발견했습니다. 허 작가는 2018년 혈액암의 일종인 악성림프종이 생긴 후 시련을 겪었습니다. 이전과 세상을 보는 눈이 달라진 거죠. 저마다 자신만의 무거운 천장을 떠받치며, 무너지지 않도록 애쓰는 사람들에게 들려주고 싶은 스물다섯 편의 이야기가 담겨 있는 책이라고 소개했습니다. 특히 '가면을 쓰고 살아라'라고 말한 부분을 공유해 봅니다. 직장

습관은 시스템이다

에서든 모임에서든 가면을 쓰라고 합니다. 나의 안 좋은 모습까지 모두 드러내면, 결국 나에게 다시 돌아오더래요. 대신, 가면을 벗어도 되는 나의 모든 허물을 벗고 자유로이 이야기할 수 있는 모임을 한두 개 만들면 된다고 조언했습니다. 그곳에서는 가면을 쓰지 않아도 된다고. 나 자신을 그대로 드러내더라도 위로와 공감, 응원을 해주는 모임이 있어야 합니다. 본질을 절대 놓치면 안 된다는 말로 들리더라고요.

본질입니다. 여기에서 본질은, 바로 당신이죠. 당신을 절대 잃으면 안 됩니다. 당신만의 독특함과 본질이 페르소나와 연결되어 있다면 멈추지 않고 계속 나아가기가 수월합니다. 다른 사람에게 보여주고 싶은 페르소나대로만 살다가, 어느 날 '나는 누구인가?'라는 철학적 질문에 자기 자신을 놓치고 사라지는 사람들이 있거든요. 페르소나가 더 두드러질수록 '나'라는 본질에 대한 연결을 끝까지 지켜나갈 수 있어야 자신의 존재감도 놓치지 않습니다.

당신은 지금 그대로, 이미 완벽하고 특별한 사람입니다. 그 특별함을 더 많은 사람과 꾸준히 나누기 위해 당신과 페르소나를 연결합니다. 꾸준히 성장하고 사람들과 소통하며, 본질을 잃지 않는다면 당신의 페르소나는 자연스럽게 당신과 연결될 거예요. 가장 먼저 해야 하는 일은 바로, 지금의 나 자신에게 관심 두는 일입니다. 다음으로 자신을 관찰하고요. 그런 다음 나와 페르소나 사이의 관계를 파악한 뒤, 제3의 관점으로 바라봅니다. 그러면 당신이 바라는 보랏빛 소, 리마커

블한 페르소나가 만들어지리라 믿습니다. 심리학에서 가장 건강한 상태는 자기와 페르소나 사이의 밸런스가 잘 잡힌 형태라고 합니다. 습관을 만드는 P턴 챌린지는 Persona, 또 다른 자아에서 나를 잃지 않는 습관입니다.

12

Position

인생 내비게이션,
지금 나는 어디에?

스레드에서 알게 된 박진감(@jingammmm)님은 30대에 경제적 자유를 달성하고 세계여행 중입니다. 세계여행 중 매일 '다이어트함. 이것만 먹고'를 글귀를 사진과 함께 공유합니다. 2024년 11월 기준 팔로워가 2만명이네요. 자연을 좋아하고, 박물관을 싫어한다고 합니다. 그러니 세계 여행을 할 때도 보고 싶은 게 명확했습니다. 어디서든 냅다 누워 사진을 찍어 올렸습니다. 도미토리에 주로 묵으며 야무진 여행을 합니다. 이처럼 자신이 좋아하는 스타일이 명확히 알면 얼마나 좋을까요?

한번 시작해 보자 다짐하고 주변을 둘러보기 시작합니다. 앞에 나가고 있는 사람들만 보이죠. 나만 뒤처진 것 같고 때론 답답하다는 생각이 듭니다. 그런데, 아직 이런 생각조차 해보지 않았고, 책을 읽지 않았던 과거의 자신에 비해 이 책을 읽고 있는 당신은 이미 다른 길에 들어선 사람이라고 생각해도 좋습니다. 7년 전에 비해 나는 어떻게 바뀌었나요? 책이라도 한 권 더 읽었을 겁니다. 그만큼 아는 게 많아졌다는 의미입니다. 그런데 생각보다 자신에 대해 모르는 사람이 많습니다. 파랑새를 찾아 다른 세상을 돌아다니던 틸틸과 미틸도 집에서 기르던 새장에서 파랑새를 찾았습니다. 여러분은 지금 파랑새를 찾기 위해 문을 열고 막 나서려고 하는 순간입니다. 주변부터 살펴보지 않고 먼저 다른 세상을 찾아 나섰기 때문에, 아는 게 없어서 답답하고 길을 잃는 경우가 생기죠. 파랑새를 찾아 떠나기 전에 불필요한 시간을 아끼는 방법이 있습니다. 우리의 답답한 마음을 먼저 내면에서 찾아보면 어떨까요. 왜냐하면 남들의 성공이 멀리서는 좋아 보여도, 가까이 다가가 보았을 때 정작 실망하는 경우가 많거든요. 연애할 때와 결혼하고 나서 상대방에게 실망하는 경우가 부부라면 한 번쯤 있기 마련이죠. 직장에 들어갔을 때도 연구 업무보다 결재문서 작성 등 부수적인 업무가 50퍼센트 넘을 때도 있었습니다. 그럴 때마다 답답한 무언가가 가슴 속에서 솟아오릅니다.

'아이, 답답해'라는 생각이 들었다는 건 지금 하는 일이 예상과 다르거나, 원하는 목적지에 도착하는 시간을 모르거나, 얼마나 해야 성취할 수 있는지 기약이 없거나, 왜 이걸 하고 있는지 이유를 모를 때 이런 생각이 듭니다. 아기가 태어나자마자 어른처럼 성큼성큼 뛰어다닐 수 없습니다. 가장 처음 뒤집기에 성공하고, 기어다니다가, 물건을 잡고 일어섭니다. 한 발짝 옮겼을 때 부모님들은 탄성을 지르죠. 한 발짝 옮기는 건 부모님이 대신해 줄 수 없습니다. 스스로 생각해서 행동으로 옮긴 결과입니다. 그리고 나머지 한 발짝을 옮기면서 걸음마가 시작됩니다. 그리고 뛰어다니기 시작합니다. 어떤 날은 소파에서 뛰어내려 슈퍼맨처럼 날 때도 있습니다. 한 번에 한 단계씩 나가도 충분합니다. 일 년에 걸쳐 걸음마를 배우듯이, 우리의 성공을 위해 걸음마 단계를 버텨내야 합니다. 사람마다 성장단계도 다르겠죠.

꿈이 생겨서, 목표가 생겨서, 외부 자극을 받아서 돈만 보고 전력질주하던 시간이 제게도 있었습니다. 새벽 다섯 시에 일어나 독서하고 공부하면서, 잠들기 전 십 분 마저 아까워 시간을 아껴 쓰고 싶었습니다. 빨리 성과를 내고 싶었던 시절이죠. 어느 날 재테크 강사가 해 준 말이 떠올랐습니다. "천천히 해도 괜찮아요. 일 년 동안 배운 다음 시작해도 늦지 않아요." 강사의 제자들이 여럿 있었습니다. 천천히 책부터 읽고 시작한 사람과 성급하게 앞서 나간 사람도 있었지만 결국 성공한 사람은 천천히 독서와 공부를 일 년 이상 하면서 오랫동안 살아남은 사람이었다고 합니다.

적어도 일 년은 내가 누구인지 아직 모르는 단계이므로 기본기를 다져야 합니다. 원하는 걸 얻고자 한다면, 독서부터 시작하라고 권하고 싶습니다. 자기만의 방법으로 성공한 방법을 글에 담아 SNS에 공유합니다. 자신이 어디쯤 있는지 모르기 때문에 적어도 세 권에서 열 권 정도만 목적의식을 갖고 독서하면 일정 수준 이상의 지식을 단기간에 쌓을 수 있고, 나의 지적 수준의 위치를 파악할 수 있습니다. 처음엔 잘 이해가 가지 않아도 괜찮습니다. 두 번째 책을 읽으면 이미 본 것이 눈에 들어올 겁니다. 내가 아는 것과 모르는 것을 구분할 수 있는 단계입니다.

무엇보다 나는 정말로 누구인지 파악하는 것부터 필요합니다. 나이, 가정환경, 목표, 취미, 자산, 살면서 무엇을 하고 싶은지, 어떤 걸 하면 행복하고, 어떤 걸 하면 싫어하는지 감정까지 파악할 수 있어야 합니다. 내향적인 성격인데, 외향적인 습관 행동을 만들어야 한다면, 아무래도 끝까지 해내기가 어렵습니다. 생각보다 성격이 잘 바뀌지 않거든요. 내향인이라고 항상 실패하는 것도 아니며, 외향인이 항상 성공하는 건 아닙니다. 내향인 중에 성공한 사람을 찾아 롤 모델로 삼으면 됩니다. 즉, 나를 중심으로 목표를 확장하라는 말을 드리고 싶습니다. 사람은 나무와 같습니다. 나무는 뿌리가 튼튼할수록 쉽게 쓰러지지 않습니다. 사람도 마인드와 지혜가 탄탄할수록 쉽게 흔들리지 않습니다. 나무의 나이테는 계절 변화에 따른 생장의 차이로 1년에 하나씩 고리가 생깁니다. 나무의 나이를 알 수 있습니다. 사람도 나이를 먹을 때마다 실패와 성공 경험에 대한 연륜이 하나씩 생깁니다. 어떤 나무 옆에 위치하느냐에 따라 햇볕을 많이 쬘 수도, 그늘에 갇혀 빛을 못 볼 수도 있고요.

내비게이션에 목적지를 입력하면 추천코스, 최단 거리, 최단 시간, 무료 도로, 운전하기 편한 길을 안내해 줍니다. 어떤 길로 갈지는 스스로 정합니다. 대부분 추천코스를 선택하곤 합니다. 가끔은 추천코스가 아닌 내가 아는 길로 갔을 때 오히려 추천코스로 안내받았을 때보다 시간이 줄어드는 경험이 몇 번씩 있습니다. 모르는 길은 추천코

습관은 시스템이다

스로 가는 게 운전하기 쉬울 수 있습니다. 초행길은 최단 거리, 최단 시간보다는 운전하기 편한 길을 선택하면 운전 부담이 줄어듭니다. 추천을 받더라도 중간에 차가 막히면 다른 길을 실시간으로 다시 안내해 줍니다. 저는 처음 안내해 준 경로를 유지하는 편입니다. 왜냐하면, 한 번은 고속도로 사고로 인해 정체 구간이 있었을 때 국도로 한참 돌아간 적이 있었습니다. 그러다가 다시 합류했을 때, 시간이 많이 줄지 않았다는 걸 깨달았기 때문입니다.

시작 단계에서는 아무래도 성과가 빨리 나오지 않습니다. 이게 맞나 쉽기도 하고 답답합니다. 그럴 때는 나보다 나은 사람에게 내가 어디쯤 있는지 물어보는 방법도 있습니다. 질문하면 어떤 걸 모르고, 어떤 걸 아는지 파악할 수 있거든요. 주변에 전문가가 있다면 한 번쯤 물어볼 수 있지만, 만약 주변에 전문가가 없다면, 몇 권의 책을 읽어보고 그 답답함을 일정 부분 해소할 수 있습니다. 그것조차 어렵다면, 자문자답하는 방법도 있습니다. 종이에 내가 지금까지 해본 걸 적어봅니다. 어떤 것들이 걸림돌이 되는지 찾아봅니다. 해결 방안을 찾아가는 과정입니다. 해야 할 것이 너무 많거나 하고 싶은 게 너무 많아 시간이 모자란다는 느낌을 받을 수 있는데요. 그럴 때일수록 조급하다는 신호입니다. 장기적인 목표에 대한 우선순위를 놓치고 있을 가능성이 있습니다.

당신의 목적지는 어디인가요? 그리고 지금 당신은 어디에 있나요? 내 위치를 파악하면 안심이 됩니다. 전문가가 되기 위해서는 어떤 분야를 연구하거나 그 일에 종사하여 상당한 지식과 경험을 가져야 합니다. 그를 프로라고 하기도 하고 권위자라고 하죠. 전문가의 반대말은 초보자입니다. 초보자와 전문가 사이를 10단계로 나눠 보세요. 당신은 몇 단계쯤인가요? 이제 막 진입하는 단계라면, 한 가지에 집중해야봐야 하는 시기입니다. 선생, 달인, 명인, 고수에게도 실패가 있었습니다. 하지만 포기는 없었지요.

이제 인생 내비게이션에 목적지를 입력하고 출발할까요? 막힌 길을 만난다면 다시 P턴할 수도 있습니다. 목적지까지 가는 길은 하나가 아닙니다. 휴게소에 쉬었다 갈 수도 있고, 맛집에 들렀다 갈 수도 있고, 경치를 둘러보며 시골길로 갈 수도 있습니다. 목적지까지 가는 길과 도착시간은 다릅니다. 일단 출발해야 하지 않을까요? 동시에 여러 경로를 지나갈 수는 없습니다. 일단 목적지를 향한 방향만 정하고 길 하나를 선택해서 일단 출발해 봅니다. 습관을 만드는 P턴 챌린지는 Position, 인생 목적지를 향한 나의 위치를 확인하는 일입니다.

186   **습관은 시스템이다**

13

Perfect

언제나 완벽함

늦었을 때는 없습니다. 언제나 가능한 순간은 지금 그냥 시작하는 것입니다. 왜냐하면 내일보다는 지금이 하루라도 빠른 순간이기 때문입니다. 혹시 5년 전 오늘 시작했어야 했다고 후회한 적이 없나요?

나이 마흔에 책을 본격적으로 읽기 시작했습니다. 만약 과거 10년 전이나 20년 전으로 되돌아간다면 자기계발서, 경제 경영서를 적어도 한 달에 한 권씩 읽고 싶습니다. 제가 마흔이었을 때 시작하기에 늦었다고 생각했더라면 이 책은 세상에 나오지 않았을 겁니다. 저보다 어린 분이라면 정말 잘하고 계신 겁니다. 저보다 일찍 책을 읽고 계시니 성공할 확률이 높습니다. 아마 저보다 나이가 많아서 너무 늦었나 생각이 들었다면 전혀 걱정하지 않아도 괜찮습니다. 교보문고 검색창에서 '오십', '육십', '칠십', '여든', '아흔'을 입력해 봅니다. 나이별 검색되지 않는 책이 없습니다. 늦지 않았다, 이제 시작이라는 제목들이 나와 있습니다. 사람들은 주로 지나온 과거를 되돌아보며 후회하는 경향이 많습니다. 시작하지 않았기 때문에 모든 게 처음이라 두렵고 겁이 납니다. 지금도 용기 내지 못하고 주저하는 사람들이 많이 있습니다. 하지만 지금부터 5년 후라면요? 지금은 2024년입니다. 만약 오늘이 2029년이라면요? 지금은 2029년의 5년 전입니다. 그때 후회하지 않으려면, 지금부터 성공을 향한 습관 시스템을 시작해도 충분하다고 앞서간 선배들이 이야기해 주고 있습니다.

"입금됐나?" 카톡 알람이 갑자기 뜹니다. 오후 2시 27분에 아빠에게 온 카톡입니다. 카카오톡 창을 클릭해 봅니다. 입금됐냐는 문자 앞에 "송금 보내요." 메시지 아래에 '20,000원을 보냈어요'라는 카카오페이 창이 있습니다. 일 년 전만 하더라도 아빠는 스마트폰 같은 건 필요 없다고 하셨습니다. 보이스피싱 많다고 ' 번호 대신 3G용 '010' 번호를 계속 사용하셨거든요. 그런 아빠에게 카카오페이로 돈을 송금받으니 절로 미소가 지어집니다. 2024년 1월부터 아빠는 노인 복지관에서 '스마트폰 전자상거래 활용' 수업을 듣고 있습니다. 수업 시간에 카카오페이 기능을 배우고 있었습니다. 세 딸에게 따로따로 2만 원을 카카오페이로 보내셨던 겁니다. 일주일 뒤 아빠에게 카카오톡 메시지 카드가 한 번 더 날라 왔습니다. 이번에는 '스타벅스 카페 아메리카노 T + 7 레이어 가나슈 케이크' 쿠폰입니다. 메시지 카드 아래 함께 온 메시지에 "연습-커피 한잔해"라고 적혀있었습니다. 40분 뒤, 다시 10,000원 송금했다는 메시지가 또 날아왔습니다. 남편에게 카카오톡을 보이며 자랑합니다. 이틀 후, 아빠 생신이었습니다. 현금을 계좌이체할까 싶다가 카카오페이로 20만 원을 보냈어요. '생일 축하해요'

카카오톡 봉투에 담았죠. 1분도 지나지 않아 '송금 봉투 받기 완료!'
답장이 옵니다. 올해 아빠 나이는 여든세 살입니다. 스마트폰 배우는
것에 늦은 나이는 없었습니다. 한 번도 시도해 보지 않은 기능도 배우
고 도전할 수 있습니다. 한 번 배운다고 완벽하게 다 알지 못해도 괜
찮습니다. 아빠는 분기마다 스마트폰 수업을 재수강하고 있습니다.
배우면 잊어버리고, 수업 시간에 또 배우면서 그냥 다니고 있습니다.
배우고 나서 시간이 지나면 다시 잊는 경우가 더 많습니다. 다음 학
기에 수업을 또 들으실 겁니다. 아마 다음에도 이미 배운 내용이라도
새롭게 배운다고 느낄 수도 있습니다. 괜찮습니다. 다시 반복하여 연
습하면 익숙해지니까요. 그러니 일단 그냥 해보는 건 어떠세요? 우리
아빠처럼 말입니다.

　　대학생 조카 남효, 남훈이랑 함께 독서모임을 하기로 했습니다. 조
카들과 저는 스무 살 이상 차이가 납니다. 독서모임에서 어떤 이야기
를 해야 하나 고민했습니다. 첫 책은 조직심리학자이자 자기계발 분야
파워블로거이자 베스트셀러 작가인 벤저민 하디 박사의 《퓨처셀프》
를 선정했습니다. 이제 막 사회에 발을 들여놓을 조카들에게 우선순
위와 목표를 이루는 방법에 대해 알려주고 싶었거든요. 우연히 독서모
임 시작 전에 정애숙 작가의 《내 딸들, 자존감 부자로 키웠다》 특강을
들었습니다. 다행이었습니다. 조카들의 자존감을 키워주기 위해 하고
싶은 것이 뭔지 물어보고, 실패해도 괜찮으니 도전하라고 응원만 하
면 되겠다는 생각이 들었습니다. 이렇게 해야 정답이야라고 단정 지어
말할 뻔했습니다. 조카들에게 "이래라저래라." 조언할 필요가 없었습니

다. 6개월 뒤에 무엇이 되어 있을지 서로 이야기 나눠봤습니다. 남효는 대학 졸업반이었지만, 졸업을 미루고 영어 공부를 하고 싶다고 했습니다. 몇 년 전만 하더라도 졸업하고 바로 취업하거나 대학원에 가지 왜 졸업을 앞두고 휴학하냐고 잔소리했을지 모릅니다. 이번에는 남효 생각을 믿어주고 그냥 한번 해보라고 응원했습니다. 지나고 보면 6개월은 긴 시간이 아니기 때문입니다. 6개월 뒤에 지금의 결정이 완벽하지 않을 수 있습니다. 6개월간 노력으로 좋은 결과를 얻으면 좋은 것이고, 아쉬움이 남는다면 그걸 계기로 새로운 경험을 쌓았기 때문입니다. 만약 지금 할까 말까 선택의 기로에서 하나를 선택하면 나머지 선택하지 않은 것은 언제나 아쉬움이 남습니다. 남효가 왜 졸업하지 않고 휴학을 선택했는지만 잊지 않으면 됩니다. 이 원고를 마무리하는 동안, 남효는 일본 반도체 회사에 취업했습니다.

'나는 대단한 사람이 되고 싶다'라는 추상적인 목표만으로는 어느 순간 목표가 희미해져서 일종의 권태기인 독서 독태기, 인스타그램 인태기, 블로그 블태기 같은 게 찾아옵니다. 내가 진짜 원하는 걸 찾을 때까지는 멈추지 않고 시작하고 도전해 보는 게 중요합니다. 지금 제대로 가는 게 맞나 의심이 들 때는 다른 일을 유연하게 그냥 해봐도 괜찮습니다. 모든 준비를 완벽하게 마치고 시작한다는 의지는 안 하고 싶다는 의지가 더 강한 것처럼 보이기도 합니다. 지금 당장 완벽한 계획을 만들 수는 없습니다. 지금 당장 내가 할 수 있는 것 하나 골라 단 1분이라도 시작해 보는 건 어떨까요? 지금 당장 구글이나 네이버 검색창에서 검색해서 나오는 최신 SNS, 블로그, 유튜브, 인스타그램에

습관은 시스템이다

정성스럽게 댓글로 질문하나 남겨보세요.

언제나 가능한 순간은 지금입니다. 원하는 걸 바로 시작하는 사람이 있는가 하면, 이것저것 따지고 고민만 하다가 막상 시작하지 못하는 사람도 있습니다. 사람마다 다르지만, 시작은 전체 과정에서 순간에 불과합니다. 완벽함이란, 시작해야만 경험할 수 있습니다. 습관을 만드는 P턴 챌린지는 Perfect, 완벽한 상태는 언제나 지금입니다.

14

Peace

흔들리지 않는 마음의 평화

2024년 6월 마지막 주는 최근 들어 가장 빠듯한 일정으로 채워졌던 시간이었습니다. 매달 마지막 주 월요일은 아빠와 데이트하기로 약속된 상태고요. 화요일은 책쓰기 정규과정 수업을 하는 날입니다. 수요일은 책쓰기 수업을 듣는 날이고, 목요일은 강남 코엑스에서 개최되는 2024년 국제 도서전이 있었습니다. 6월 초에 네이버 예약 해둔 상황이었죠. 금요일은 서울 송파구에 있는 서울책보고에서 이진행 작가의 《장애가 있지만 고개 들고 살아갑니다》 인문학 특강이 있었습니다. 공저에 함께 참여한 작가님이고, 동네 근처에 있는 곳이라 참여해서 응원하겠다고 두 달 전에 예약해 둔 상황이었죠. 토요일은 월간 책방 김형준 라이팅 코치님이 《10년 먼저 시작하는 여유만만 은퇴생활》 저자 특강을 요청하셨습니다. 월초에 계획해 둔 일정이 빠듯했지만, 오랜만에 독자를 만날 수 있겠다는 기대감으로 거절하지 못하고 토요일 오후에 시간 내겠다고 수락했습니다. 주간 일정 계획을 보니 다른 날을 생각할 겨를이 없었습니다. 오직 당일에 해야 할 일을 끝내야 한다는 압박감이 있었죠. 하루라도 놓치면 안 된다고 생각했었거든요. 국제 도서전에 갔더니 강남구 청담동에 있는 '소전서림' 오픈하우스 티켓을 선착순 한정으로 무료로 배포하고 있었습니다. 일요일 정오부터 오후 두 시까지만 입장 가능했죠. '소전서림'은 문학을 즐기는 사람들을 위해 회원제로 운영되는 유료 도서관입니다. 연회비 10만 원을 내거나 1회 입장 시 5만 원에 이용할 수 있었습니다. 구경해 보고 회원으로 가입 여부를 결정해야겠다고 생각했거든요. 그리고 가장 중요한 일정, 이 책의 초고를 늦어도 6월 말까지 완성해야겠다는 계획이 있었습니다. 일요일 아침에 일어나니 목도 아프고 두통이 생겼습니다. 도저히 그냥 있을 수 없어서 열두 시까지 잠을 자고 일어났어요. '소전서림'에는 오후 한 시쯤에 방문해서 약 한 시간 정도 시간 보내고 왔습니다. 6월의 마지막 주 일정을 모두 소화할 수 있었습니다. 6월 30일에는 새벽까지 이 책의 초고를 완성하면서 6월 한 달을 마무리했습니다. 당시 주간 계획을 봤을 때 빠듯한 일정으로 압박감으로 다가왔었습니다. 제가 할 수 있는 일정을 하루씩 나눴고, 당일은 그 일정대로만 움직였습니다. 더 이상 욕심내지 말자는 다짐과 함께 한 주를 시작했던 기억이 나네요. 제가 일정을 바꿀 수 있는 게 아니라, 다른 일정에 맞춰야 할 때 스트레스가 되는 경우입니다.

원하는 걸 얻기 위해 자기계발하면서 계획을 세우다 보면, 쉴 틈 없이 빼곡하게 일정이 채워지는 경우가 있습니다. 여기에 다른 사람과 경쟁하면 더 불안하고, 지치고, 마음의 평화를 잃어버리기도 합니다. 누군가와 비교하며 달려가면, 정작 나 자신을 잊고 불안과 스트레스에 시달립니다. 그렇다면 어떻게 해야 마음의 평화를 찾을 수 있을까요?

사회적, 직업적 일상에서 끊임없이 다른 사람과 함께 살아갑니다. 주변 사람들과 비교하고 싶지 않아도 자연스럽게 비교하게 되는 게 인간의 본성이죠. 우리를 더욱 지치게 하고, 스트레스가 가중됩니다. 이런 경우 자기 주도적인 관리를 하지 못하면, 마음의 평화는 멀어질 수밖에 없습니다. 경쟁에서 살아남기 위해 애쓰다 보면, 어느 순간 자신의 마음 상태를 돌아볼 여유조차 사라집니다. 어딘가로 빨리 달려가야만 한다는 압박감 속에서 살아가는 경우가 있었습니다. 이러한 압박감이 오히려 내면을 흔들고, 결국 마음의 평화를 잃을 때가 종종 있었습니다.

하루는 배우자와 포천 이동 갈비를 먹으러 갔습니다. 식당 옆으로는 폭포와 냇가를 볼 수 있었습니다. 며칠 동안 이어진 장마로 인해 물이 많았는데요. 흐르는 물소리가 거세게 들려왔습니다. 강물에 이는 거품을 바라보고 있으니, 사람들이 위로 거슬러 올라가기 위해 억척스럽게 허우적거리는 모습이 떠올랐습니다. 그 물소리는 마치 우리의 일상에서 겪는 경쟁과 스트레스를 상징하는 것 같았죠. 물소리를 들으면서, 마음이 무거워졌습니다. 끊임없이 흐르는 물처럼, 우리도 끊임없이 움직이며 살아가고 있으니까요. 물이 돌에 부딪히며 만들어 내는 소란스러움이 세상 사람들의 일상과 너무도 닮아 있었습니다.

습관은 시스템이다

식사를 마치고 차를 타고 산정호수로 향했습니다. 산정호수 둘레길을 한 바퀴 돌다 보니, 한쪽에는 물이 폭포처럼 흘러내리고 있습니다. 호수가 높은 곳에 있고, 한쪽은 지대가 낮았거든요. 물이 돌에 부딪히면서 떨어지는 소리가 콸콸 들렸습니다. 그런 소란스러움을 뒤로하고 호수의 중심으로 걸어가니, 마치 다른 세상에 온 것처럼 호수는 너무나도 잔잔했습니다. 물결 하나 없었거든요. 물이 콸콸 쏟아지던 아래쪽과는 다르게, 호수의 물결 하나 없이 고요한 잔잔함은 저희 부부에게 호수가 주는 가르침이었습니다. 이 장면은 마치 우리에게 경쟁이 치열한 시작 단계에서의 힘든 상황을 나타내지만, 정상에 오르면 여유롭고 평온해진다는 걸 시사하는 것 같았거든요. 호수가 옆에는 이런 팻말이 있었습니다. '여기 오길 잘했지?' 오리 한 마리가 유유자적 호수 위를 헤엄치고 있는 모습이 보였습니다. 오리가 부러워 보일 정도로요. 바람 한 점 없는 고요한 호수는 그저 존재하는 것만으로도 흔들리지 않는 마음에 평화를 가져다주었습니다. 이 잔잔한 호수처럼, 우리도 내면의 평화를 찾기 위해 노력해야 합니다.

지금 당신이 힘들고 경쟁 속에 지쳐 있다면, 잠시 멈추고 마음의 평화를 찾아야 하는 시간입니다. 온화한 마음으로 마치 정상에 있는 것처럼요. 오래 길게 유지하는 습관을 만들기 위해 다른 사람과의 경쟁이 아닌, 마음의 평화를 찾는 것이 더 중요합니다. 가끔은 혼자만의 시간을 마련하여, 거센 물결을 피하고 호수의 잔잔함을 마음속에 담아보세요. 평온한 마음을 갖고, 내 자리를 굳건히 지켜나가는 습관을 만드는 일상이 우리에게 필요합니다.

마음의 평화를 찾기 위한 첫걸음은 경쟁에서 벗어나 자신만의 시간을 보내는 것입니다. 눈을 감고 귀를 기울여 보세요. 거센 물결의 소리 대신, 잔잔한 호수의 고요함을 느껴보세요. 때론 공원을 산책해도 조용한 기운을 느낄 수 있습니다. 그렇게 하면 당신은 더 행복하고, 더 안정된 삶을 살아갈 수 있을 것입니다. 지금 당장, 그리고 주기적으로 마음의 평화를 찾는 습관이 필요합니다.

잠깐이라도 눈을 감거나 걷는 시간을 가지며, 주변의 자연을 바라봅니다. 바람이 나뭇잎을 스치는 소리, 주변에 들리는 새들의 지저귀는 소리, 발걸음 소리 등 모든 감각을 활용하여 현재를 느껴봅니다. 이러한 작은 순간이 모여, 마음의 평화를 이루는 큰 힘이 됩니다. 자연의 위대함, 우주의 광활함으로 바라보면, 내가 바쁘게 여기는 일상은 아주 작고 사소한 습관으로 보일 겁니다.

가끔은 자연 속에서 시간을 보내는 것은 좋은 방법입니다. 멀리 가지 않아도 괜찮습니다. 가까운 공원이나 집 주변을 그냥 걸어 봐도 괜찮습니다. 바쁘게 보내느라 미처 발견하지 못한 변화된 모습을 발견할 수 있을 거예요. 저는 이런 시간이 필요할 때는 이어폰을 꽂지 않습니다. 혼자 걷습니다. 주변을 자세히 관찰합니다. 사람 구경도 하고요, 간판도 살펴보고, 표지판도 자세히 봅니다. 나무들, 꽃들, 땅과 하늘도 자세히 바라봅니다.

일기나 글쓰기를 통해 자신의 감정을 정리해 보는 것도 도움이 됩

습관은 시스템이다

니다. 글을 쓰는 동안, 마음속 생각과 감정들이 차분히 정리됩니다. 다른 사람과의 경쟁에서 벗어나, 자기 내면을 들여다보며, 평화로운 마음을 유지해야 지금 나아가는 방향을 점검할 수 있습니다. 목표를 향해 달려가는 것도 좋지만 가끔은 멈춰서 자신의 마음을 돌아보는 평온한 마음을 유지하는 시간, 자신만의 길을 걸어가세요. 그럴수록, 당신은 더 행복하고, 더 안정된 삶을 살아갈 수 있을 것입니다. 습관을 만드는 P턴 챌린지는 Peace, 흔들리지 않는 마음의 평화를 찾는 습관입니다.

15

Practice

진짜 연습

2024년 7월 파리 올림픽에서 여자 양궁 대표팀이 10연패라는 신화를 달성하고, 남자 양궁 대표팀도 3연패를 기록하며 단체전 금메달을 석권했습니다. 한 외국인 러셀 비티(Russell beattie)가 정리한 올림픽 양궁의 뜻이라는 제목의 게시물이 공유되었습니다. "Olympic Archery is an amazing event where every four years a bunch of countries gather together to hang out, shoot arrows and give the Koreans their gold medals. it's a nice Tradition!" 번역하면 다음과 같습니다. "올림픽 양궁은 정말 멋진 이벤트입니다. 4년마다 여러 나라가 모여 함께 시간을 보내고, 화살을 쏘며 한국이 금메달을 받는 전통을 이어갑니다. 정말 멋진 전통이에요!" 외신 워싱턴 포스트는 "올림픽 최고의 왕조, 한국 양궁이 만들어 낸 숫자는 경이롭다. 정확성 때문에 까다로운 스포츠 양궁에서 초인적 계보를 이어갔다"라며 보도했고, NBC 역시 "2021년 도쿄 올림픽 금메달 멤버가 한 명도 포함되지 않았다. 만약 어떤 스포츠가 한 국가에 지배된다면 바로 한국과 여자 양궁"이라

습관은 시스템이다

고 전했습니다.

　올림픽경기 양궁 종목에서 대한민국 양궁 국가대표팀이 금메달을 연속 수상하자, 게임 규칙을 몇 번씩 바꾸기도 합니다. 변경된 규칙과 선수들이 달라졌음에도 불구하고, 10회 연속 금메달을 수상했습니다. 대한민국 양궁 선수들이 왜 이렇게 오랫동안 계속해서 금메달을 딸 수 있는 걸까요? 2020년 도쿄 올림픽 양궁 결승전에서 10점 과녁에 한 발을 명중하면서 금메달을 확정 지었던 오진혁 선수에 따르면, 일단 학연, 지연 다 뺀 투명한 선발전이 가장 중요했다고 말했습니다. 인터뷰를 토대로 저 나름대로 분석해 봅니다.

　먼저 철저한 훈련 시스템이 있습니다. 대한민국 양궁 선수들은 세계 최고 수준의 훈련 시스템을 가지고 있죠. 이 시스템은 체계적인 훈련 프로그램, 과학적인 접근, 그리고 최신 기술을 활용한 훈련 방법을 포함합니다. 예를 들어, 선수들은 매일 정밀하게 기록하고 분석하며, 심리적 훈련과 체력 관리를 철저히 병행합니다. 도쿄 올림픽부터 선수들의 심박수 측정기를 몸에 착용하지 않고 카메라로 측정하기 시작했다고 합니다. 얼굴 부분에 미세 혈류를 측정하여 BPM, 심박수의 높낮이를 측정하며 긴장감을 측정하죠. 연습할 때와 실제 경기장처럼 만들어 놓고 훈련하니까 심박수가 진정될 수 있는 연습까지 합니다. 최근에는 슈팅 로봇을 훈련에 도입해서 로봇의 벽을 넘어서기 위해 훈련을 하고 있다는 소식이 있습니다. 그냥 쏘는 연습만 하는 게 아니라, 계속 연구하며 진짜를 연습합니다.

둘째, 우수한 지도자와 동료가 있습니다. 한국에는 세계적으로 인정받는 양궁 코치들이 많이 있습니다. 이들은 선수들에게 필요한 기술적, 정신적 지도를 제공하며, 항상 최상의 성과를 낼 수 있도록 도와줍니다. 특히, 국내 선수들과의 경쟁 자체가 세계적인 선수와의 경쟁인 셈이죠. 세계 양궁의 상향평준화가 진행되고 있습니다. 이유는 바로 한국 지도자들이 그 나라에 가서 지도하기 때문이죠. 한국의 기술력이 접해지면서 그 선수들의 기록이 안정적으로 바뀌고 있습니다.

셋째, 강인한 정신력에 있습니다. 한국 선수들은 강인한 정신력과 집중력을 연습하고, 실전 경기에 임합니다. 10년 연패 금메달이라는 주인공이 자신이 쏜 한 발로 달라질 수 있다는 책임감과 부담감은 저로서는 말로 표현할 수 없는 압박과 스트레스일 것 같습니다. 한국 양궁 선수들은 4년간 갈고닦은 실력을 발휘하는 올림픽 대회 상황을 훈련하기 위해 가장 시끄럽고 열악한 환경인 '야구장'또는 '축구장'에서 혹시나 있을지도 모를 야유나 중압감을 미리 한번 느껴보는 훈련을 합니다. 그래야 실제 현장에서도 당황하지 않을 수 있도록 진짜 연습인 셈이죠. 선수들은 높은 압박감 속에서도 평정심을 유지하고 최고의 실력이 나오도록 준비합니다. 또 하나는 200미터 간격으로 새벽녘의 한강을 혼자 걷는 시간이 있습니다. 혼자만의 시간은 내가 걸어가야 할 방향과 힘든 상황을 이겨내는 과정입니다. 혹한기 때 걷다 보면 몸이 춥고 피부도 따갑습니다. 그런 길을 혼자 걸으며 나아갑니다. 생각이 많아지겠지요.

습관은 시스템이다

내가 원하는 과녁에 명중시키기 위해서는 지금 당장 시스템을 만들기보다는 나의 단점과 결점을 찾는 진짜 연습이 필요합니다. 나의 단점과 결점을 개선하는 습관부터 하나씩 장착하는 일이죠. 당장 올림픽 같은 실전에 나가서 싸울 수 없습니다. 아무 생각 없이 남들이 하는 것처럼 따라 하는 연습단계에서는 지루하고, 고통도 따르고, 우울하고, 스트레스를 받습니다. 하지만 인생이라는 실전에서 진짜 연습한다고 생각하면 거대한 변화가 일어납니다. 철저한 훈련 시스템도 만날 수 있고, 우수한 지도자와 동료도 찾게 됩니다. 그리고 강한 정신력도 키울 필요가 있죠. 부족한 기술을 개선하고, 한계를 극복해 나가는 일이 우리의 본질이어야 합니다. 그 단점과 결점을 보완해 나가는 습관을 하나씩 관찰하면서 진짜 연습단계를 거친 후에야 세상에서 값진 성취감을 얻을 수 있습니다.

진짜 연습단계에서도 길을 잃을 수 있고, 혼돈에 빠질 수도 있습니다. 이건 당신의 잘못이 아니고 자연스러운 현상입니다. 다행히 우리는 이런 상황에서 벗어날 수 있습니다. 우리에겐 '뇌'라는 무기가 있거든요. 내가 원하는 과녁을 조준하고 '뇌'를 이용해서 가짜를 진짜로 바꾸는 연습이 필요합니다. 뇌는 가짜와 진짜를 구분하지 못합니다. 부정과 긍정을 구분하지 못합니다. 내가 되고 싶은 것, 내가 갖고 싶은 것을 없다고 불평하거나 불안해하는 걸 멈출 때입니다. 대신, 무엇을 하면 더 잘할 수 있을지, 어디로 나아가야 할지, 왜 이걸 해야 하는지, 과녁에만 집중하고 활을 당기는 데만 집중해야 합니다. 손등에 꿀벌이 앉아도, 옆에 여우가 끼어들어도, 앞에 곰이 나타나도 강인한 정신력과 집중력으로 몰입하면 원하는 걸 이루게 됩니다. 진짜 연습에서도 실전에서도 경쟁자는 나 자신뿐입니다.

대한민국 양궁의 성공 비결은 수십 년간 대한민국 국민의 기대를 저버리지 않았습니다. 4년에 한 번 금메달 소식 들을 때만 관심 두는 경우가 많습니다. 하지만 우리는 그 결과보다 금메달을 수상하기까지의 4년이란 훈련기간에서 선수들의 진짜 연습과 노력의 중요성을 배웁니다. 철저한 훈련 시스템, 우수한 지도자와 동료, 강인한 정신력이 얼마나 중요한지를 40년간 전 세계에 보여줬습니다. 이러한 요소들을 내 삶의 습관처럼 장착해 본다면, 우리는 어떤 꿈의 과녁이라도 맞힐 수 있습니다. 나의 꿈을 향해 진짜 화살을 쏴야 하는 시간입니다. 습관을 만드는 P턴 챌린지는 Practice, 진짜를 연습하는 습관입니다.

습관은 시스템이다

제5장

사소한 습관
시스템 설정법

1

격차를 만들어 내는
사소한 습관

책 초고를 기획하고 첫 번째 글을 쓰기 시작한 날은 2024년 1월 8일입니다. 지금 이 페이지를 쓰는 건 벌써 6월이네요. 처음 계획했을 때는 3월까지 초고를 완성하겠다는 목표로 시작했습니다만, 이미 넘어버렸습니다.

월요일은 남편과 보내는 가족의 날입니다. 오전엔 주로 제가 하고 싶은 일인 책을 읽거나, 글을 쓰죠. 점심 외식을 위해 외출준비를 합니다. 동네 주변 식당에 걸어가 식사하기도 하고, 차를 타고 외곽으로 나가 식사하고 걷고 올 때도 있습니다. 저는 올림픽 공원 산책도 좋아하지만, 남편은 낯선 동네를 구경하는 걸 더 좋아하죠. 집에 돌아오면 오후 다섯 시쯤 됩니다. 씻고 나면 저녁 먹을 시간이에요. 밥 먹고 나면 어느새 일곱 시 반이 넘습니다. 잠시 스마트폰으로 SNS에 피드를 올리고 소통하면 어느새 아홉 시가 넘기도 합니다. 월요일 저녁엔 두 달 과정의 책 쓰기 코칭 수업이 있습니다, 아홉 시부터 열한 시까지 수업을 듣고 하루를 마무리해요.

화요일엔 책 쓰기 강의를 합니다. 아침부터 그날 있을 강의 자료를 다시 확인하고 강의 연습을 합니다. 시작한 지 일 년이 넘었지만, 여전히 설레고, 긴장됩니다. 숙련될 때까지는 다른 일정을 넣을 수 없었습니다.

수요일은 아침 먹고 오전 열 시부터 열두 시까지 글쓰기 수업을 듣습니다. 독자에게 이야기를 잘 전달할 수 있도록 글쓰기를 배우고 익히고요. 수업 끝나면 점심을 준비하고 남편과 식사합니다. 화요일 책 쓰기 강의와 수요일 오전 수업이 끝나면 일주일의 자유가 시작되는 느낌이에요. 긴장이 풀립니다. 초고를 써야 하는데, 몸에서 피곤하다는 신호가 슬슬 옵니다. 오후에 낮잠을 한두 시간 잡니다. 일어나서 운동 다녀오고요. 저녁 먹고 잠시 소파에 앉아 SNS 하거나 책을 보면 아홉 시쯤 됩니다. 수요일 저녁에도 글 쓰기 수업이 있거든요. 머릿속 제 생각을 잘 표현하기 위해, 숙련될 때까지 글쓰기 수업을 들으려 합니다.

목요일은 하루 여유가 생깁니다. 차분하게 앉아 글 한 편 씁니다. 미루고 있던 일들을 처리할 때도 있고요. 오후에는 저만의 아티스트 데이트를 위해 교보문고로 산책하러 가곤 합니다. 목요일은 일정이 없으니 가끔 남편이 외식하러 가자고 이야기할 때도 있습니다. 그러면 할 일을 미루죠. 옷 입고 또 나갔다 옵니다.

금요일도 약속이 없으면 여유가 있지만, 주로 월요일, 화요일, 수요일은 일정이 있어서 약속을 주로 금요일에 잡습니다. 매주는 아니지만 외출하게 되더군요. 여유 있게 글을 써야 하는데 시간이 또 사라지죠.

토요일은 독서모임을 하거나, 저자 사인회에 참여하는 등 외부 이벤트가 있습니다. 직장 다니는 분들과 시간을 맞추려면 아무래도 토요일에 여유 시간을 맞춰야 하니까요. 아침부터 분주히 준비해서 나가거나 오후를 온전히 시간을 내야 합니다. 집에만 있다가 다른 사람들을 만나 신나게 이야기하고 집에 오면 기운이 쏙 빠집니다. 책상에 앉는 게 힘들죠.

일요일 아침은 교회에 다녀옵니다. 돌아오는 길에 아침을 사 먹고, 커피 한잔 후 운동하고 집에 돌아옵니다. 그러면 또 점심시간이에요. 집에 와서 먹거나 아니면 점심도 밖에서 해결하고 올 때도 있습니다. 일요일 저녁에는 2주마다 독서모임 '천무'가 있습니다. 여덟 시부터 열 시까지 참여하죠. 독서계획을 세워두는 편인데, 일주일에 읽을 책을 다 못 읽으면, 일요일 오후는 셀프 보상 차원으로 독서하며 쉬는 시간을 가집니다.

퇴사하면 하루 종일 마음대로 시간을 가질 수 있을 거로 생각했습니다. 하지만 밥 먹고, 치우고, 청소하고, 빨래하고, 사람 만나고 이건 변하지 않더라고요. 24시간 중에 잠자는 시간, 집안일 하는 시간, 가

습관은 시스템이다

족, 친구와 함께 보내는 시간, 일하는 시간, 운동하는 시간을 빼야 했습니다. 그러면 남는 시간이 계속 줄어듭니다.

초고 쓰는 것보다 글쓰기 습관이 중요하다는 생각이 들었습니다. 한 달 전부터 사소한 습관 임무 하나를 추가했어요. 잠들기 전에 매일 생각을 기록하는 습관으로 '브런치 매거진'에 글을 발행합니다. 초고 쓰는 게 우선순위에 밀려났습니다. 대신 하루 임무는 독서와 글쓰기 습관은 지킵니다. 하고 싶은 일이 많지만, 할 수 있는 시간은 물리적으로 한계가 있습니다. 매일 아침 해야 할 일, 하고 싶은 일을 정합니다. 저녁마다 성공한 일이 무엇인가 점검합니다. 잠들기 전에 단 십 분이라도 해내는 습관에 'O' 표시할 수 있게 만드는 것. 이게 바로 습관 시스템의 1순위입니다. 오늘 임무는 습관 퀘스트를 완수하는 일이죠. 퀘스트란, 플레이어가 수행하는 임무나 과제를 의미합니다. 특정 목표를 정하고, 임무를 완성하면 보상을 받죠. 목표와 보상이 진행되면서 나만의 스토리, 서사가 만들어집니다. 퀘스트의 난이도는 사람에 따라 다양해요. 초보자는 간단하게, 숙련된 플레이어는 어려운 퀘스트로 한 단계 올라갑니다. 사소한 습관 하나가 큰 격차를 만들어 냅니다. 일상과 미래를 결정짓는 중요한 요소입니다. 기하급수적으로 격이 높아진 삶이 당신을 기다리고 있을 겁니다.

2

기세! 뻔뻔!

"지금보다 3배 더 벌고 싶다고? 그럼, 체력부터 3배로 키워!" 라온 투자일임㈜ 머니 트레이너 박종기 대표의 2014년 8월에 출간된 《지중해 부자》표지에 있는 문장입니다. 6년 후, 2020년 8월에 출간된 책 《지중해 부자처럼 주식 투자하라》의 부제는 '5000억 자산가 지중해 부자의 투자 시크릿'입니다. '지중해 부자'가 직접 쓴 책인 줄 알았습니다. 책을 읽었더니, 박종기 대표가 '지중해 부자'라고 불리는 사람을 만나면서, 배운 내용을 풀어 쓴 책이었습니다. '지중해 부자'의 사업체는 홍콩에 있고, 집은 지중해에 있는 한국인입니다. 박종기 대표는 당시 증권사에 다니다가, 그의 상사 소개로 '지중해 부자'와의 인연이 시작되었습니다. 그리고, 몇 년 후 직접 만날 기회가 생겼을 때, '지중해 부자'에게 질문합니다. 부자가 되고 싶은데, 어떻게 해야 하냐고. 뻔뻔해 보이는 질문에 생뚱맞게도 '지중해 부자가 처음 꺼낸 말이 바로 체력부터 키우라는 말이었습니다. 박종기 대표는 체력을 키우기로 마음먹고, 헬스부터 시작했습니다. 그런 태도 덕분에 '지중해 부자'로부터

습관은 시스템이다

신뢰를 얻을 수 있었고, 그의 자산 관리 업무를 시작할 수 있었다고 합니다.

'체력'이란 무엇일까요? 네이버 어학사전에 따르면, 체력이란, 육체적 활동을 할 수 있는 몸의 힘, 또는 질병이나 추위 따위에 대한 몸의 저항 능력을 이야기합니다. 성공하기 위해, 부자가 되기 위해, 목표를 달성하기 위해서 《지중해 부자》는 왜 무엇보다 '체력'부터 길러야 한다고 했을까요? 내가 원하는 목표는 생각보다 단기간에 얻을 수 있는 게 아닙니다. 체력은 목표라기보다는 습관이며, 시스템입니다. 마라톤 선수는 42.195㎞를 완주하기 위해서 처음부터 전력 질주하지 않습니다. 1분, 5분, 10분, 30분, 한 시간 달리기로 늘려갑니다. 출판사 대표가 어느 날, 책을 쓰려면 블로그에 100일 글쓰기부터 시작하라고 조언했습니다. 이유가 있겠지 싶어 일단 블로그에 100개의 글을 쓰기로 마음먹었습니다. 직장 취업 당시에 직장 내 교육 훈련(OJT: on the job training)부터 3개월 받았습니다. 즉, 기초 시스템, 습관부터 만들어야 목표까지 인내심을 가지고 견딜 수 있기 때문입니다.

대학원에 다니던 시절 헬스장에 등록한 적이 있습니다. 한두 번 가고 그만뒀습니다. 왜냐하면, 러닝머신 위에서 뛰다가 발목을 접질려서 한의원에 침을 맞으러 다녀야 했기 때문입니다. 결국 그게 트라우마가 되었죠. 더 이상 헬스장에 다닐 수 없었습니다. 직장에서 취업하고 7년 후에야 건물 지하에 헬스장이 있다는 사실을 발견했습니다. 구경 한 번 가봤습니다. 점심 먹기 전부터 운동하는 사람, 점심 먹고 운동하는 사람 다양했습니다. 체육복까지 갈아입고 땀을 뻘뻘 흘리며 운동하는 사람도 있었고요. 하지만 점심시간에 운동하고 땀 흘린 뒤, 샤워하고 화장을 다시 하는 것 자체가 저에게는 귀찮은 일이었습니다. 운동을 해야 한다는 생각에 결국 헬스장에 가서 가벼운 운동을 시작했습니다. 맨손체조 5분, 팔 운동, 다리 운동 기구 3개를 5회씩 돌아가면서 3세트 정도 하면 땀이 나기 직전까지만 운동합니다. 십 분에서 십오 분 정도 걸리더군요. 딱 그 정도 움직이고 헬스장 밖으로 나옵니다. 직장 동료가 벌써 가냐고 물어봅니다. 기세 뻔뻔하게 그냥 "네"대답하고 웃으며 나왔습니다. 그리고, 다음 날 다시 뻔뻔하게 헬스장으로 갔습니다. 이번에는 또 다른 동료가 그것 가지고 운동이 안 된다고 더 하고 가라며 한마디 조언합니다. 역시나 당당하게 "먼저 가보겠습니다"하고 밖으로 나옵니다. 셋째 날 운동하러 다시 들렀습니다. 그제야 저한테 벌써 가냐고 묻는 사람이 없습니다. 누가 뭐래도 "네"하고 웃으면 됩니다.

매일 십 분, 십오 분이었지만, 점심만 먹으면 바로 '파블로브(Pavlov)의 개'처럼 식당에서 나와 우회전하여 헬스장으로 혼자 걸어갑니다. 팀 동료들은 엘리베이터 앞에서 버튼을 눌러놓고 서 있습니다. 밥 먹다가 미처 끝내지 못한 이야기 소리가 조금씩 작아집니다. 주머니에서 에어팟을 꺼내 귀에 한 쪽씩 꽂습니다. 스마트폰을 열어 김작가 TV, 와이스트릿, 삼프로 TV, 신사임당에 올라온 유튜브 방송 중 하나를 골라 재생 버튼을 누르고 다시 스마트폰은 주머니에 넣어둡니다. 스트레칭과 팔 운동, 다리 운동을 합니다. 그렇게 사흘, 일주일, 한 달, 두

습관은 시스템이다

달, 석 달, 육 개월, 일 년 넘도록 헬스장에 들렀습니다. 그게 운동이 되냐고 말하던 동료들은 무시했지만, 제가 느끼기엔 팔뚝에 알통도 생긴 듯하고, 출렁거리던 뱃살도 단단해지기 시작하면서, 청바지 다리통까지 여유가 생기기 시작했습니다. 한번은 남한산성에 직원들과 함께 올라가다가 산 중턱도 못 오른 상태에서 숨이 차서 마시던 물병조차 땅에 떨어뜨릴 정도였습니다. 정신이 오락가락한 거죠. 헬스장에 다닌 후부터, 하루 십오 분 정도 투자했을 뿐이지만, 남한산성 정상까지 쉬지 않고 올라갈 수 있을 정도의 체력이 길러졌습니다. 해외 출장이나 여행을 가면서 일주일에서 열흘 동안 십 분, 십오 분 운동을 하지 못할 때도 있었지만, 사무실에 근무하는 날이면 어김없이 점심 먹고 헬스장으로 향했습니다.

인스타그램에서 알게 된 스피치 강사이자 독서 논술을 교육하는 파워북스 선생님이 '말하기 수업'을 8주간 무료로 해주겠다는 공지가 있었습니다. 글쓰기 수업과 독서모임을 하고 있던 터여서 말하기 수업에 관심이 갔습니다. 한 번도 그런 수업을 들어본 적이 없었지만, 일단 그냥 신청해 봤습니다. 무료였으니까요. 무료 강의니까 대충 시간만 때우는 수업일 줄 알았습니다. 그런데 웬걸요. 매주 말하기 수업에 과제가 있었고, 즉석 말하기 시간도 있었습니다. 7주 차에는 주말에 북 콘서트 일정으로 준비하느라 말하기 수업 과제를 제대로 준비할 시간이 없었습니다. 수업은 밤 여덟 시에 시작합니다. 시계를 보니 저녁 일곱 시 삼십일 분입니다. 말하기 수업 오픈채팅방에 메시지 하나가 올라왔습니다. 그날 두 명이나 수업에 참석하기 어렵다고 연락을 받아서, 혹시라도 더 빠질 사람이 있으면 다음 주로 미룰지 물어보는 질문이었습니다. 지난 6주 차에 대본을 처음부터 끝까지 써서 연습해 보라고 코칭을 받았지만, 시간이 없다는 핑계로 다음 주로 미루고 싶은 마음이 솔직히 들었습니다. 하지만 무료 강의임에도 매주 기세와 뻔뻔함을 강조하며 개인 코칭 해주는 파워북스 선생님에게 미안해졌습니다. 원칙대로 하자는 생각이 들었습니다. 그냥 솔직하게 말하고 참석해야겠다 싶었습니다. "북 콘서트 준비하느라 바빠서 오늘 숙제를 제대로 준비하지 못했습니다! 29분 준비해서 즉석 말하기로 해보겠습니다!"라고 메시지 남겼습니다. 어영부영 북 콘서트 회의 결과를 정리하느라 시간은 5분~6분가량 더 지났습니다. 결단이 필요했습니다. 대본을 쓸 시간이 없습니다. 전달하고 싶은 메시지 위주로 키워드를 정하고, 말하기 구조만 잡았습니다. 수업에 참여했습니다. 과거로 돌아간다면, 언제로 돌아가고 싶은 건지, 어떤 사건이 있었는지 세 가지를 정리했습니다. 여덟 시, 말하기 수업은 시작했고, 다섯 명이 참석했습니다. 네 번째 순서로 발표합니다. 드디어, 제 차례입니다. 긴장감이 느껴졌습니다. 노트에 낙서한 메모를 보고 '과거의 나로 돌아간다면'이라는 주제에 대해 순서대로 말합니다. 메모한 걸 참고해서 십 분 이상 의견을 말했습니다. 주제에 벗어나지 않고, 군더더기 없이 말했다며 칭찬받았습니다. 29분 동안 준비한 게 맞냐고 되물을 정도로 말입니다. 완벽하게 준비하려고 다음 주로 미루자고 했거나, 수업에 빠지기로 했다면 계속 마음이 불편했을 텐데, 그냥 참석하길 잘했다는 생각이 들었습니다. 완벽하진 않아도 메모 습관과 글쓰기 서식 시스템을 활용했기 때문에 가능한 일이었습니다.

교보문고를 둘러보다가 세계 최고 리더들의 7가지 초생산적 습관에 관해 쓴 어맨사 임버의 《거인의 시간》이 눈에 들어왔습니다. 캐나다 토론토 대학 게리 레이섬 교수와 뉴펀들랜드 메모리얼 대학교 트레버 브라운 교수는 경영대 신입생 125명을 대상으로 실험한 결과입니다. 시스템부터 만든 A그룹이 1년 후 목표를 세운 B그룹보다 학업성취도가 높았다고 합니다. 그냥 하는 거라고 남들이 시키는 대로 다 할 필요가 없습니다. 땀이 나지 않는 운동 습관이라도 체력을 키울 수 있고, 잠깐 멈춰서 생각하고 메모만 하더라도 더 나은 메시지를 전달할 수 있습니다. '많이 해야 해', '빨리해야 해' 등 타인의 조언에 사로잡히지 말고, '오늘도 조금만 해봐야지', '할 수 있는 만큼만 해봐야지.' 등 하고 싶은 느낌이 들어가는 마음 먹은 대로 습관을 유지하는 게 우선입니다. 기세! 뻔뻔! 잊지 말자고요.

3
미래의 내게 보내는 선물

　오늘 아침 눈 떴을 때, 어떤 기분이 들었나요? 새로운 아침을 맞이했나요?

　남편과 속초 여행을 당일치기로 다녀왔습니다. 거리상으로는 집에서 두 시간 삼십 분 걸린다고 되어 있었지만, 평일 고속도로 공사로 인해 거의 세 시간 정도 걸린 듯합니다. 속초에 갔으니 전복 해삼 물회와 성게미역국을 먹기로 했습니다. 2년 전에도 방문했던 식당이었는데요. 물회 2인분을 주문해야 할지, 1인분을 주문해야 할지 기억이 나지 않았습니다. 가족밴드를 열어 검색합니다. 당시에 찍어둔 영수증이 보입니다. 1인분이었습니다. 가격이 2년 전에 비해 사천 원 비쌉니다. 남편이 앞접시를 가지러 간 사이에 물회가 나왔습니다. 사진 한 장 찍고 국자로 휘리릭 한 번 저어서 대접에 나눠 담습니다. 남편이 맛을 보더니, 원래 이런 맛이었냐고 묻네요. 옛날 사진을 다시 열어 보여주고, 조금 전에 찍은 사진을 보여줬습니다. 전복과 해삼이 올

습관은 시스템이다

라가 있는 물회와 성게미역국 맞습니다. 점심을 먹고는 장사항 근처 아인슈페너가 맛있었던 카페로 갔습니다. 오렌지 몇 알이 크림 위에 올려져 있는 아이스 아인슈페너 한 잔과 따뜻한 콜롬비아 게이샤 무산소 워시드를 주문합니다, 딸기 수제 케이크가 생각나서 추가로 주문했습니다. 테이블에 앉아 옛날 사진을 열어 보니 이전에도 똑같은 스타일로 주문했던 사진이 보입니다. 2년 전 음식은 똑같아 보였지만 남편의 모습은 달라 보입니다. 2년 전임에도 불구하고, 남편의 모습은 앳된 모습이었고, 머리카락도 검은색이 많이 보였습니다. 어제도 사진을 찍어서 밴드에 올려 두었습니다. 키워드로 나중에 검색하기 쉽게 식당명, 주문 메뉴, 가격, 맛 평가를 남겨뒀습니다. 아마 2년 뒤에 또 속초 여행을 간다면, 똑같은 메뉴에 똑같은 생각하게 되려나요. 2년 전에 남긴 기록은 우리 부부의 추억 기록이었습니다.

　사진과 글을 보면서 "이땐 정말 젊었네", "어려 보인다", "그땐 맛있었는데"라고 말합니다. 가족과 외식할 때 사진을 찍고 있습니다. 그 사진들은 '밴드'에 모아둡니다. 10년 전부터 친정 식구들끼리도 가족 밴드를 운영하면서 사진과 동영상을 보관하고 있습니다. 일 년만 지나도 남편과 저는 다른 사람이었습니다. 하루라도 건강하고 아름다운 순간을 추억으로 간직하고 있습니다. 키워드를 함께 남겼습니다. 시간이 지나니 그 당시의 기억이 흐릿해집니다. 그래도 그날의 기분이나 사실을 글에 담아 두니 다시 옛날 생각이 나더군요. 처음엔 별거 아닌 듯 보였지만, 시간이 축적되니 기록은 추억 속 행복이 되었습니다. 매일 먹는 밥과 반찬도 추억이었고, 헬스장 런닝머신 위를 각자 걷는 모습도 함께 담습니다. 순간의 기록이었습니다. 지금을 미래로 보내는 중입니다.

　기록하는 목적은 무엇일까요? 저는 초등학교 시절 방학 숙제로 일기를 방학이 끝나갈 무렵 몰아서 썼던 기억이 납니다. 일기 쓰는 게 귀찮고 숙제로 여겼었나 봅니다. 평범한 일상의 소중함을 몰랐기 때문이었습니다. 초등학교 때 어떤 에피소드들이 있었는지 문득 궁금합니다. 일기를 쓰면 처음엔 쓸 거리가 없어 보여도, 한 줄 쓰면 새로운 생각이 문득 떠오르더군요. 노트 하나 장만해서 한 줄 일기를 시작했습니다. 종이 노트에 적은 일기들은 수십 년 후 자신만의 추억 노트로 변합니다. 가능하면 10분, 20분이라도 머릿속에 떠오른 생각을 글로 쏟아냅니다. 바쁠 때는 키워드 정도만이라도 가볍게 적는 편입니다. 머릿속에 들어있는 수많은 생각 흐름을 꺼내 눈으로 확인하기 쉬워집니다. 제3의 관점으로 바라보기에도 적당합니다.

　어디에 기록하면 좋을까요? 제 경우에는 월간(Monthly), 주간(Weekly) 등 종이 다이어리에 키워드 위주로 기록하고 있습니다. 밴드에도 사진과 글을 메모하듯이요. 텔레그램도 활용합니다. 책이나 중요 정보들을 그룹으로 나누어 보관하고 있습니다. 《타이탄의 도구들》, 《잘했어요 노트》, 《한 줄의 기적, 감사일기》, 《열두 살에 부자가 된 키라》에 나오는 성공 일기 등 어떤 기록도 괜찮습니다. 블로그에 아침마다 《평단지기 독서법》으로 책을 읽고, 생각을 기록하며 하루를 시작합니다. 저녁에는 《거인의 생각법》을 읽고 생각을 정리하며 하루를 마감합니다. 기록을 쌓았더니, 시간이 지날수록 삶이 더 풍성해집니다. 오늘 생각을 흘려보내지 않았습니다. 똑같은 하루는 없었습니다. 챗 GPT에게 질문해서 나오는 답변도 항상 다른 대답이 나오듯, 경험도 어제와 오늘이 다를 수밖에요.

기록에도 꾸준한 습관 시스템이 있습니다. 첫째, 책상에 쓸 수 있는 노트나 메모장이 항상 펼쳐 놓습니다. 예를 들어, 빈 노트나 연습장, 월간 다이어리를 펼쳐 놓습니다. 메모지도 여기저기 놓아둡니다. 생각은 생각날 때 바로 적어야지, 잠깐 돌아서면 잊어버리는 경우가 많더군요. 둘째, 오늘 못 적었다고 자책하지 않습니다. 내일 기억나면 적어도 되니까요. 다음 날 아침에 책상에 앉아서 씁니다. 키워드 하나 적고 나면 연이어 생각이 떠올랐습니다. 셋째, 오늘 할 일을 아침에 기록합니다. 그걸 다른 사람에게 공유하죠. 이건 진짜 유용한데요, 셀프 강제성을 만드는 비결입니다. 그러면, 오늘이 아닌 날짜가 지나더라도 검색하면 그날 있었던 일이 떠오르거든요.

요즘은 사진이나 동영상을 많이 찍고 있습니다. 여행 다녀온 곳이라든지, 다녀온 맛집도 보관합니다. 다시 생각할 수 있습니다. 블로그에 기록을 남기면, 어디서든 다시 찾아보기 쉽습니다. 1년 전 오늘 글로 보여주기도 합니다. 꾸준함을 위한 강제성과 환경, 시스템도 기록에서 시작했습니다. 기록도 쌓일수록 습관이 됩니다.

기록을 어려워하는 사람이 많습니다. 지금부터 성공 일기를 써보는 건 어떨까요? 한 줄 쓰기도 어렵다면, 키워드, 즉 단어만이라도 나열합니다. 짧은 시간 내에 기록할 수 있습니다. 꾸준히 실천하기도 쉽습니다. 키워드만 모아도 미래의 뇌가 무한 능력으로 과거의 키워드를 보고 추억 문장을 연결합니다. 언제 다녀왔지, 어디인지 궁금하면 시간과 위치도 기록합니다. 사진 같은 경우에는 'time stamp'라는 어플리케이션을 활용하기도 합니다. 요즘 스마트폰에는 사진을 클릭하면 시간과 장소가 자동으로 기록하는 워터마크 기능도 있습니다. 꾸준한 기록을 위해서는 복잡한 방법보다는 쉽게 지속할 수 있는 방법을 찾는 겁니다. 작은 기록이 쌓여 큰 변화를 만듭니다.

세상을 바꾸는 시간에 나온 김민식 피디의 《매일 아침 써봤니?》 영상을 본 적 있습니다. 제목을 읽고 나니, '매일 뭘 쓰라는 거지? 쓰면 뭐가 좋아지는 거지?'라는 생각이 듭니다. 처음에는 친구들에게 왕따당한 괴로움을 글로 썼다고 합니다. 왜, 누가, 무엇이 괴롭혔는지. 자신에게 하소연하듯이 적었답니다. 글을 쓰고 며칠 후에 다시 읽습니다. '읽는 나'는 '글 쓴 나(괴로운 나)로 바뀝니다. 그리고, 나에게 계획과 꿈을 조언합니다. 누구보다 나를 제일 잘 알고 있는 사람, 즉 내가 나에게 조언하는 일이었습니다. 매일 쌓아간 나의 기록을 보면서 자신에게 스스로 멋지다고 표현합니다.

지금 내가 남기는 오늘의 기록, 바로 미래의 나에게 줄 멋진 선물입니다. 기록하면, 어떤 좋은 일이 생길지 지금은 모르겠지요? 누군가

습관은 시스템이다

당신의 기록을 보고 찾아올지도 모릅니다. 1년 후 당신은, 대단한 사람이 되어 있을 겁니다. 지금보다 성장한 사람으로요.

4
삶의 유효 기한은 1년

흔히 인생의 목표가 뭐냐고 물으면, 거창하고 손에 잡히지 않는 꿈을 이야기하는 경우가 많습니다. 장기적인 계획이죠. 하지만 시간이 지나면서 그 목표는 희미해집니다. 결국 포기해 버리죠. "왜 나는 꾸준하지 못할까?"라는 질문을 자신에게 던지면서요. 너무 먼 미래를 바라보며 스스로 압박하고 있는 건 아닐까요?

누구나 처음은 꾸준함이 어렵게 느껴집니다. 독서를 매일 하겠다고 다짐했지만, 저는 잠이 부족한 바쁜 직장인이었습니다. 책 한 권 읽을 시간, 당연히 없다고 생각했죠. 책과 거리가 멀었습니다. 운동을 꾸준히 하겠다고 헬스장에 등록하지만 몇 주 후부터 안 가는 날이 많아졌습니다. 퇴근하고 올림픽 공원을 걷겠다고 결심했지만, 며칠 지나지 않아 알람 소리를 무시하기 시작했습니다. 다이어트를 하겠다고 선언하고는 남편과 함께 오징어먹물 리조또와 치즈가 듬뿍 올라간 고르곤졸라 피자를 주문해 먹기도 했습니다. 많은 사람이 비슷한 경험을 했을

습관은 시스템이다

거로 생각합니다. 이런 실패의 경험들 때문에 '나도 꾸준히 할 수 있을까? 너무 늦은 거 아니야?'라는 의문이 생기곤 합니다. 1년 동안 하나의 목표에 집중하는 방법을 시도하기로 마음먹었어요. 다른 사람보다 쉽게 포기하지 않는 이유가 되었습니다.

첫째, 배움을 목표를 설정했던 연도가 있었습니다. 아는 게 없으니 배워야겠다고 다짐했던 시기죠. 매일 10분씩 독서하기로 마음먹었어요. 일 년에 책 한 권도 읽지도 않았던 제가, 일 년 지나니 열다섯 권의 책을 읽었습니다. 이 작은 성공이 저의 자신감과 자기계발, 경제 지식을 쌓아 가는 데 큰 도움이 되었습니다. 예를 들어, 제가 읽은 첫 번째 책은 자기계발서입니다. 데일 카네기의 《인간관계론》인데요. 매일 10분 읽었습니다. 직장에 출근하면 읽은 내용을 동료들에게 적용해 봤습니다. 사람들이 책에서 설명하는 대로 반응이 바뀌는 게 신기했습니다. 그 작은 독서 습관이 실용 독서에 대한 인식이 바뀐 계기였습니다. 아침 독서 습관을 평생 가져가고 싶은 마음이 생겼죠. 그 결과로 1년 동안 꾸준히 독서할 수 있었습니다. 1년 안에 배우고 싶은 분야가 있으면 그 분야를 집중해서 아침에 읽었어요. 주식이면 주식 고전 벤저민 그레이엄 《현명한 투자자》부터 2023년 12월에 나온 슈페TV의 《나는 배당투자로 스타벅스 커피를 공짜로 마신다》까지 주식 책만 매일 조금씩 읽는 방법입니다.

둘째, '투자'를 목표로 삼았습니다. 매달 급여에서 50% 이상 금액을 저축하고, 재테크 책을 읽고 기초 지식을 쌓고, 전문가의 강연을 들었습니다. 일 년 지나니 적은 금액이라도 투자를 시작할 수 있었어요. 첫 수익이 생겼죠. 처음엔 적은 금액이었지만, 조금씩 투자금을 늘려 갔습니다. 배움이 직접 투자로 이어지니, 책에서 배우지 못한 것들을 실전에서 배우는 기회가 생겼죠. 재테크에 대한 이해도가 높아집니다. 작은 성과가 나타납니다. 일 년 지나고, 재정적인 방향을 잡을 수 있었습니다. 장기적인 은퇴 계획과 투자 계획까지 세우고 버텨내는 자신감을 얻었어요.

셋째, 2023년에는 '작가와 강연가로 성장하기'를 목표로 정했습니다. 매일 한 줄 생각이라며 글을 쓰기로 했습니다. 매일 읽고 쓰는 게 저도 처음엔 버거웠죠. 1년이 지난 후에는 블로그에 365개의 글이 쌓였습니다. 《평단지기 독서법》 경험이 제 글쓰기 실력을 향상해 주었습니다. 생각을 정리하는 데 도움 되었죠. 예를 들어, 처음에는 어제 있었던 일, 문득 떠오르는 소소한 이야기들을 주제로 담는 글을 썼습니다. 그러다가 점차 자기계발서와 경제경영서에서 얻은 지식이 쌓여 전에 읽은 책들과 연결하여 글을 쓸 수 있었습니다. 이렇게 생각하는 주제가 점차 확장되면서 사고의 폭도 넓어집니다. 독서와 재테크 공부를 시작한 지 8년 지났습니다. 첫 번째 책을 출간할 수 있었고, 지금은 파이어 북 라이팅코치로 글쓰기 수업을 하고 있어요.

이렇게 1년에 하나의 목표만 정하고 있습니다. 독서, 글쓰기, 재테크(자본주의, 경제, 금융, 부동산, 미국주식), 건강식, 운동, 여행, 어학(영어, 스페인어, 러시아어, 일본어, 중국어, 아랍어 등), 악기(피아노, 색소폰, 하모니카, 바이올린, 첼로 등) 배우기 등 어떤 것이든 좋습니다. 중요한 것은 하나의 목표에 집중하는 것입니다. 모건 하우절의 《불변의 법칙》에 따르면, 장기 전략과 단기 전략을 잘 조화시키는 것이 중요합니다. 장기 전략은 큰 목표를 이루기 위한 큰 그림을 그리는 것이고, 단기 전략은 그 큰 목표를 작은 단계로 나누어 실천하는 거죠.

첫째, 이루고 싶은 목표 한 가지를 지금 설정합니다. 새해에만 목표 세우는 게 아닙니다. 오늘부터 1일입니다. 365일 달성 목표를 세웁니다. 너무 거창하지 않아도 괜찮죠. 시작하는 날이니까요. 작고 구체적인 목표일수록 평생 지속할 수 있습니다. 예를 들어, 하루 한 페이지 독서하기, 하루에 한 개 챗GPT 프롬프트 질문하기, 하루 10분 틈새 운동, 하루 한 줄 글쓰기, 한 달에 한 번 서점 방문하기 등 작고 실천할 수 있는 목표를 세우는 일입니다.

둘째, 습관 시스템이 필요합니다. 1년 동안 목표를 이루기 위한 작은 단계를 나누어 월별, 주별 계획을 세웁니다. 예를 들면, 독서 습관을 만들기 위해서는 책상 위에 항상 책을 놓아두거나, 일어나자마자 읽거나, 잠자기 전에 10분 읽습니다. 투자 공부를 위해서는 매일 점심 시간에 10분 경제 뉴스를 읽습니다. 작가로 성장하기 위해서는 매일 퇴근 직전 10분만 글을 씁니다.

셋째, 꾸준한 실천입니다. 사실 처음엔 티가 잘 안 납니다. 그래서 많이들 포기합니다. 매일 조금씩 목표를 향해 나아갑니다. 중간에 지치더라도 포기하지 않고 유지하는 게 중요합니다. 앞에서 소개한 나의 실천 기록을 보며 자신에게 "정말 대단한걸!" 격려하는 것도 좋은 방법이죠. 예를 들어, 블로그나 스레드, 인스타그램 스토리에 실천 내용을 쓰고, 공유하면 응원단이 생깁니다. 마음에 드는 이모티콘도 하나 추가합니다.

모건 하우절의 《불변의 법칙》에 "장거리 달리기는 당신이 견뎌야 하는 단거리 달리기들의 집합이다"라는 메시지가 나옵니다. 인생은 길고 지난한 과정이지만, 그 과정은 작은 단거리 목표들을 끊임없이 견디고 버텨내어 연결하는 과정입니다. 버텨낸 사람들에게 우리는 대단하다고 이야기하죠. 한 번에 큰 성공을 이룬 사람보다 아주 작은 습관 하나를 오랫동안 유지하며 전문가가 된 사람들, 송곳 같은 사람들에게 박수와 환호를 보냅니다.

저는 이렇게 1년에 하나씩 목표를 정하고 집중해 나가는 중입니다. 1년의 작은 성공이 쌓여 큰 변화를 기하급수적으로 일으킵니다. 잠시 이 책을 읽는 걸 잠시 멈춰도 됩니다. 이 책을 끝까지 읽는 것보다, 여기서 멈추고, 당신의 새로운 1년을 계획하는 일이 더 중요할 수 있습니다. 삶의 유효 기한을 1년으로 설정한 후, 그 기간에는 하나의 목표에만 집중하는 시간을 보내는 겁니다. 그러면 어느새 원하는 것을 이룬 자신을 마주할 수 있습니다.

습관은 시스템이다

5
목표의 재발견

중장기 목표는 시간이 지나면서 바뀔 수 있습니다. 지금 내가 알고 있는 정보가 전부가 아니기 때문입니다. 더 많은 가능성을 열어둘 필요가 있습니다. 나이가 들면서 우리의 목표는 현실적인 방향으로 변해가기도 합니다.

어릴 적 꿈은 저도 중간에 바뀌었습니다. 예를 들어, 초등학교 때는 유전공학자가 되고 싶었지만, 고등학교를 거치면서 현실적으로 성적에 맞춰 다른 길을 선택할 수밖에 없었습니다. 결국 대학교는 정보통신공학과를 다녔습니다. 전공과목은 저에게 새로운 길을 열어주었고, 현재의 저를 있게 한 중요한 방향이었습니다. 이는 목표가 변하더라도 현재의 습관과 노력이 중요한 이유입니다.

초등학생, 중학생 자녀를 둔 동네 지인 세 명을 분기에 한 번 정도 만납니다. 이야기 주제 중 일부는 자녀 교육입니다. 제 경우엔 자녀가 없으니 할 말이 없어서 듣고만 있습니다. 교육 현장 소식을 들으면 지금 학생이 아닌 제가 다행이다 싶습니다. 교육 정책이 한 번씩 바뀌니 저학년 아이를 키우는 부모들의 고민이 많아 보였습니다. 학교 수업 외에 학원, 그리고 자습까지 하는 걸 들어보니 한 달에 120시간 동안 자습하는 아이도 있었습니다. 한 달을 삼십 일로 가정하면, 하루에 네 시간씩 공부한다는 의미입니다. 앞으로 어떤 사람이 될지 아직 모릅니다. 그럼에도 지금부터 책상 의자에 앉아 있는 습관, 즉 엉덩이 힘을 기르고 있다는 생각이 들었습니다. 아이마다 되고 싶은 꿈도 다를 테고, 자라는 환경도 차이가 있으며, 아이들의 성격도 모두 각양각색입니다. 각자 공부하는 스타일은 차이가 있습니다. 되고 싶은 사람이 있다면 그 꿈을 위해 버티는 힘, 견뎌내는 힘이 필요할 뿐입니다. 당장 눈앞에 닥친 문제를 해결하느라 허덕이다가는 10년 후, 20년 후에 원하는 걸 이루지 못할 수도 있습니다. 성과는 시간이 지나 봐야 알 수 있잖아요. 10년 후, 20년 후 서울 시내 대학 입학이 목표라면, 지금부터 무슨 공부를 어떻게 해서 내신을 받고, 수행학습은 쌓아야 하며, 개인 포트폴리오를 미리 준비합니다. 원하는 대학에 가기 위해 아이들이 미리 준비하는 과정이었죠.

당신이 꿈꾸는 미래를 만나기 위해, 지금 해야 하는 일이 정해집니다. 목표를 재발견하기 전까지는요. 목표 달성을 위해 지금 하는 일들을 쌓아갑니다. 큰 그림입니다. 삶은 항상 장기전이거든요. 미래는 아무도 알 수 없습니다. 하지만 그렇다고 미래를 무시하고, 지금에만 집중하면, 나중에 후회하는 일이 생기곤 합니다. 나이 들어 철이 들 때,

꿈이 현실적인 목표로 바뀌기도 하죠. 목표를 위해 나아가다가, 목표를 재발견하는 시기가 나타납니다. 목표를 재발견하고, 내 삶의 중장기 목표를 달성하기 위해 지금 시도해 볼 수 있는 방법을 세 가지 소개합니다.

첫째, 일 년에 한 번씩 자신이 바라는 목표를 점검하는 시간을 가져봅니다. 제가 근무하던 정부출연연구소는 올해 수행하는 프로젝트 외에도 중기계획과 장기계획을 매년 업데이트합니다. 때로는 기획하던 과제가 없어지기도 하고, 갑자기 새로운 프로젝트가 생기기도 했죠. 예산이 증액되기도 하고, 예산이 줄어드는 일도 있습니다. 우리 인생의 목표도 비슷합니다. 자신의 목표를 생각해 보고, 새로운 목표에 맞추어 실천 계획을 세우는 시간은 중요합니다. 자신의 꿈에 대해 진지하게 생각하는 시간이 필요합니다. 10년 후, 20년 후 꿈을 이루기 위해 지금 당장 무엇을 하고 있어야 하는지 정해지는 거죠. 그 일을 지금 조금씩 해나가면 됩니다.

둘째, 포기하고 싶을 때 작은 목표를 세워 성취감을 느껴보는 일이 중요합니다. 장기적인 목표는 멀게 느껴질 수 있습니다. 따라서 그 목표를 이루기 위한 작은 단계들을 설정하면 자신의 성취감을 느껴보고, 할 수 있다는 자신감을 가져보는 게 중요합니다. 타인으로부터 인정받으면 더 동기부여가 될 때도 있습니다. 예를 들어, 책을 좋아한다면 매주 한 권을 읽는 목표를 세웁니다. 매주 한 권을 읽고 나면 성취감을 보상해 주는 것도 좋은 방법이죠. 그만두고 싶을 때 작은 목표를 달성하여 확장해 나가면 더 큰 목표를 이룰 수 있다는 자신감이 생깁니다.

셋째, 다양한 경험을 통해 자신이 좋아하고 잘하는 걸 발견하는 일입니다. 업무뿐 아니라 다양한 취미 활동이나 배움을 통해 여러 가지 분야를 경험하면, 자신이 진정으로 좋아하는 것이 무엇인지 알 수 있습니다. 예를 들어, 독서모임, 음악, 운동, 노후 대비 등 다양한 활동에 참여해 보는 거죠. 독서모임에서 공감하고 이야기 듣는 시간, 그리고 음악에 빠져드는 시간, 움직여서 건강해지는 모습, 노후 대비를 위해 투자로 자산이 불어나는 순간 등 다양한 모습을 경험하면서 자신이 어떤 활동에 흥미가 있는지 발견하고 목표를 재설정할 수 있습니다.

원하는 미래를 만들기 위해서 정기적으로 목표를 재설정합니다. 작은 성취를 통해 동기부여하고, 다양한 경험을 통해 자신을 발견하는 게 필요합니다. 미래는 예측할 수 없지만, 지금 내게 필요한 배움과 경험을 제공한다면, 10년 후, 20년 후에 스스로 원하는 모습을 이루어 갈 수 있을 것입니다. 매년 시간을 내어 중 장기 목표를 다시 점검해 보고, 성장해 나갑니다. 미래의 나에게 성공을 선물할 수 있습니다. 꾸준함의 마법이 당신에게 펼쳐질 테니까요.

좋아하는 일을 하기 위해 마흔다섯에 직업을 바꿨습니다. 대학에서 10년, 연구소에서 16년 공학도의 길을 걸어왔습니다. 책임연구원 대신 파이어족을 선택했습니다. 작가와 강연가로 살아갑니다. 목표를 재발견하기 위해 들인 시간은 5년 정도였습니다. 중장기계획은 나이를 먹으면서 조금씩 달라지기도 합니다. 돈을 많이 벌 수 있다는 이야기를 듣고 자신이 좋아하는 일이 아닌 일을 하는 사람도 있습니다만, 돈보다 자기 행복이 더 중요한 기준이라면, 전공을 바꿀 수도 있지 않을까요?

지금 당장 인간 본성에 자신을 맡길 예정인가요? 미래가 행복한 성공법칙을 따를 예정인가요? 삶이라는 전장에서 승리하고 싶다면, 다양한 경험을 하며, 자신을 탐색하는 과정을 통해 중장기 목표를 주기적으로 재발견할 필요가 있습니다. 중장기 목표 달성은 시간이 걸리거든요. 불타는 열정 한 스푼 대신 미적지근한 열기로 목표를 데운다면, 10년 후의 당신은 지금의 선택에 감사할 것입니다. 지금, 이 순간 견뎌내는 힘이 당신의 미래를 빛나게 해 줄 겁니다.

6
베스트셀러 작가도
한때는 평범한 사람

책 속에는 저자의 삶이 녹아 있습니다. 이름만 대면 유명한 작가들에게도 출판사에 투고했지만, 거절당했다는 글이 유독 눈에 들어오는 시기가 있었습니다. 60권이 넘는 책을 출간하고, 모두 3,300만 권 이상 팔렸다는 《사람은 무엇으로 성장하는가》 저자 존 맥스웰도 '헛수고 했나?'라는 생각을 숱하게 했다고 합니다. 왜냐하면 처음에 찾아가는 출판사마다 그의 원고를 거절했기 때문이죠. 하지만 그냥 쓰기 시작해서, 변화를 시도했고, 결국 엄청난 판매 부수를 자랑하는 베스트셀러 작가가 되었습니다. 그가 거절당했다고, 바로 멈추었다면요? 우리는 그의 책을 만날 수 없었을 겁니다.

《달과 6펜스》를 쓴 서머싯 몸은 영국의 소설가이며 극작가로 알려져 있는데요. 실패한 연극의 대체 작품으로 선택된 그의 원고가 연극 무대에 올려지면서 유명해지기 시작했습니다. 그 후 그는 팔리지 않던 원고를 하나씩 꺼내 극장주에게 주기 시작했습니다. 11년의 무명 생활

습관은 시스템이다

후 갑작스레 유명 인사가 되었습니다. 서머싯 몸은 의사 면허증도 있었으나 의사 대신 작가가 되길 꿈꾸었습니다. 처음에는 그를 알아봐 주는 사람이 없어 수익이 나지 않았습니다. 배를 곯았을 정도였죠. 11년 동안 자신의 재능을 믿고 글쓰기를 이어갔습니다. 우연한 기회가 왔을 때 대성공을 거두게 됩니다. 만약 서머싯 몸이 그냥 쓰지 않았다면, 아마 우리는 그의 문학 작품을 만나지 못했을 겁니다.

끝까지 해내는 승리자들의 전략적 사고법 《롱게임》 저자 도리 클라크는 '아무도 우리에게 관심을 보이지 않고 주의를 기울이지 않을 때도 계속 내 일을 해나갈 내면의 힘을 갖추어야 한다. 어려운 일이다. 그래도 언젠가 세상이 내가 하는 일을 인정해 줄 것임을 믿어야 한다.'라고 언급했습니다. 도리 클라크도 첫 책 원고를 써서 출간의뢰를 시도했습니다. 여러 출판사로부터 거절 통보를 받았습니다. 처음에는 그가 유명인이 아니라서 출판사와 편집자에게 바람맞았다고 합니다. 그래서 멈췄을까요? 도리 클라크는 책 출간을 잠시 미룬 후 자신을 더 알리기 시작했습니다. 조금씩 유명세를 타기 시작했고, 출판사와 계약에 성공했습니다. 지금 우리는 도리 클라크의 《롱게임》을 통해 끝까지 해내는 승리자들의 전략적 사고법을 서점에서 만나볼 수 있습니다.

저는 정년이 보장된 책임연구원이었습니다. 작가가 될 거라는 생각이 전혀 없었습니다. 퇴사를 준비하면서, 독서와 글쓰기를 시작했습니다. 그냥 한 줄만 생각을 남겨보자고 생각했습니다. 처음부터 완벽한 글을 쓰는 건 공대를 나온 저에게는 어려운 일이었습니다. 하루씩 쌓아갔습니다. 2000개의 글을 읽고 기록으로 남겼습니다. 저의 빅 데이터죠. 그쯤 되자 '나도 책 한 권 써보고 싶다'라는 생각이 들었습니다. 글쓰기를 배워본 적 없던 시기라, 서너 권 정도 글 쓰는 방법에 관한 책을 읽었습니다. 자기계발, 경제경영서, 인문학을 포함하면 제가 지금까지 읽은 책은 730권이 조금 넘습니다. 평범한 직장인, 평범한 주부, 평범한 간호사가 쓴 책들도 있었습니다. 골든티켓 독서모임 회원이던 이촌화랑 관장인 김소은 작가가 먼저 《우리집 미술관》을 출간했습니다. 옆에서 작가가 된 모습을 지켜보니, 저도 퇴사하고 작가가 될 수 있다는 꿈을 꿀 수 있었습니다. 지금 당장 베스트셀러 작가가 된다는 목표가 아니었습니다. 유명한 베스트셀러 작가도 처음에는 원고를 투고해도 다 거절당했다는 걸 알고 있었으니까요. 지금 당장 큰 성과가 나오지 않는다는 것도 압니다. 십 년 뒤에 유명해질 저를 기대하며 책을 씁니다. 저를 믿고 첫 글을 쓰기 시작했습니다. 책을 쓰겠다는 생각이 들었을 때, 지인이 소개해 준 글쓰기 수업을 듣기로 결정했습니다. 조금씩 글 쓰는 게 편안해지기 시작했고, 글이란 일상의 평범하고 보편적인 단어로 구성된다는 걸 배울 수 있었습니다.

약 100일 동안 초고를 썼습니다. 두 번의 퇴고 과정을 거친 후 출판사에 투고 했습니다. 당연히 첫 책 투고 당시에 저는 유명한 사람이 아닌 평범한 직장인에 불과했습니다. 백여 곳 이상 출판사에 투고했습니다. 역시나 거절 받았고, 연락이 오지 않았습니다. 실망했을까요? 아닙니다. 또다시 투고할 출판사를 찾았습니다. 다시 초보자의 마음으로 투고했고, 두 번째 시도 끝에 출판사와 첫 원고를 계약할 수 있었습니다.

습관은 시스템이다

사업가로 알려진 김승호 회장의 첫 책은 2009년 12월에 출간된《자기 경영 노트》입니다. 그리고 2011년에《김밥파는 CEO》라는 책이 나왔고, 2015년 9월《생각의 비밀》, 2017년 1월《알면서도 알지 못하는 것들》, 2020년 6월《돈의 속성》, 2023년 4월《사장학개론》을 출간했습니다.

김미경 강사는 "거절도 레퍼런스가 된다"라는 말을 한 적 있습니다. 강사 초기에 정말 엄청나게 거절당했다고 이야기 한 적이 있습니다. 그녀의 첫 책은 1998년 2월《나는 IMF가 좋다》라는 책입니다. 그 후 2001년 2월《여자이기 때문에 당하지 말고 당차게 살아라》, 2007년 12월《긴 인생을 사는 데는 법칙이 다르다》, 2009년 3월《가족이 힘을 합하면 무엇이든 이룰 수 있다》, 2009년 4월《우리집 가족 도서관 세트》, 2010년 5월《김미경의 아트 스피치》, 2010년 10월《꿈이 있는 아내는 늙지 않는다》, 2010년 11월《스토리 건배사》, 2011년 6월《흔들리는 30대를 위한 언니의 독설 1,2》, 2011년 11월《인생에서 조금더 일찍 알았으면 좋았을 것들》, 2012년 2월《한 달에 한 번 12명의 인생 멘토를 만나다》, 2012년 2월《내 안의 스티브 잡스를 깨워라》, 2012년 2월《2012년 자기계발을 위한 트렌드 키워드》, 2013년 1월《김미경의 드림 온》, 2014년 2월《살아있는 뜨거움》, 2014년 9월《꿈이 있는 아내는 늙지 않는다》, 2016년 5월《김미경의 인생미담》, 2017년 11월《엄마의 자존감 공부》, 2020년 3월《이 한마디가 나를 살렸다》, 2020년 6월《김미경의 리부트》, 2022년 1월《오늘부터 다시 스무살입니다》, 2022년 2월《세븐테크》, 2022년 11월《웹 3.0 넥스트 이코노미》, 2023

년 2월《김미경의 마흔 수업》을 출간했습니다. 2024년 현재 그녀는 60세로《김미경의 딥마인드》를 출간했습니다. 26년간 책을 집필하면서 한 단계씩 쌓아온 결과물입니다. 만약 김미경 강사도 강의를 거절당했을 때 포기했다면 어떻게 되었을까요?

거절은 그냥 당연한 일입니다. 우리는 계속 성장합니다. 시간의 지평을 10년으로 두고 습관을 만든다면, 한 줄만으로도 시간의 여유를 챙길 수 있지 않을까요? 속도 낼 필요 없습니다. 조급할 필요 없습니다. 마음 편안합니다. 계속 이어가는 근력이 생깁니다. 우리는 죽는 날까지 배우고 성장할 수 있습니다. 지금부터 시작해도 괜찮습니다. 저는 배우고 글 쓰기 위해 베스트셀러가 아닌 책이라도 매일 읽습니다. 당신도 당신이 고른 책을 매일 읽으면 됩니다. 우리가 책을 읽으면, 다른 작가들의 성장에도 기여할 수 있으니까요.

베스트셀러 작가도 한 때는 평범에서 시작했습니다. 저는 계속 책을 쓰려고 합니다. 평범한 사람들에게 희망과 용기, 꾸준함을 보여주는 작가로 성장하고 싶습니다. 베스트셀러로 한 권의 책을 출간하기보다는 성장하는 과정을 보여주며 여러 권의 책을 단계별로 한 권씩 책을 쓸 겁니다. 이 책도 그중 하나입니다. 만약 당신이 10년 후에 이 책을 읽고 있는 독자라면, 그동안 제가 어떤 책을 써왔는지 교보문고에서 검색해 보면 어떨까요. 저의 꾸준함을 책 출간으로 보여드릴 예정입니다.

7

피드포워드

친구 치아 사이에 음식물이 끼어 있을 때, 여러분은 솔직하게 말해 주는 편인가요? 저는 남편에게도 그냥 거울 한번 보라고 말해 주는 정도로 부정적인 말을 직접적으로 하는 걸 주저합니다. 만약, 상대가 그 상태로 다른 사람을 만난다면 또 창피한 순간을 맞이하게 됩니다. 이럴 땐 어떻게 말해야 하나 고민하고 있었는데, 공손함과 친절함을 혼동하는 상황에 있다는 걸 조직심리학 교수 애덤 그랜트 《히든 포텐셜》에서 배울 수 있었습니다. 피드백을 구하기보다는 우리는 조언이 필요합니다. 미래는 지금 내가 어떻게 받아들이느냐에 따라 좌우됩니다. 요즘은 피드백보다는 피드포워드로 생각하는 버릇이 생겼습니다. 칭찬도 중요하지만 어떻게 하면 개선할 수 있을지에 대한 회고도 진행하고 있고요. 개선할 부분도 매주 점검합니다. 매일 저녁 성공 일기를 기록하면서, 오늘 하루 중 어떤 걸 더 개선해 볼지 고민하죠.

피드포워드(Feedforward)는 전통적인 피드백(Feedback)과는 다릅니다.

과거의 행동이나 성과를 평가하는 대신, 미래에 어떻게 더 나은 결과를 얻을 수 있을지 조언하는 개념이죠. 개인적으로는 부정적인 말을 들으면, 자책하거나 후회가 밀려오는 게 대부분이었습니다. 즉, 긍정적이고 개선해 나가려는 의지가 생기지 않았죠. 대신 긍정적이고 건설적인 방향으로 조언을 받으면 다시 용기를 내서 도전하자는 마음이 생겼습니다. 피드백보다는 피드포워드라는 개념이 그만두지 않고 계속 전진하게 만드는 추진력을 제공합니다. 현재의 문제점 지적하는 것이 아니라, 앞으로 나아가야 할 방향을 제시해 주니까요. 습관 시스템으로 만들기 위해 더 나은 선택을 할 수 있도록 도와줍니다. 예를 들어, 매일 해내는 습관을 하루 실패했다고 지적하는 대신, 다음에 어떻게 하면 더 계속해 낼 수 있을지에 대한 조언을 구하는 것입니다. 피드포워드가 어떻게 제 삶을 바꾸었을까요?

8년 전, 저는 퇴사를 고민하며 독서를 시작하고 유료 강의를 수강하기 시작했습니다. 직장에서 동료들이 주식, 부동산 이야기를 듣는 것도 유익했지만, 뭔가 직접적으로 와닿지는 않았습니다. 나와 상관없는 일이라고 한계를 두고 있었죠. 재테크 책을 읽다가 드디어 결심하고 유료 강의를 등록했습니다. 그곳에서 만난 강사는 누구나 노력하면 부자가 될 수 있다고 말했습니다. 저도 꿈을 꾸었습니다. 일 년 동안 공부하고 투자해도 늦지 않다, 책과 경제 신문을 읽어야 한다는 조언도 했습니다. 지금부터 습관을 바꾸면 된다고 말이죠. TV 보는 시간, 불필요한 모임에 나가는 시간, 게임을 하는 시간 등 중요하지 않은 일 대신 미래를 준비하는 독서 시간, 경제 신문 보는 시간, 투자 공부하는 시간으로 차츰 바뀠습니다. 잠도 5분, 10분씩 줄여나갔습니다. 미래의 가능성이 열렸습니다. 피드포워드는 제가 더 나은 방향으로 나아갈 수 있도록 길을 열어줍니다. 그 순간 저는 깨달았죠. 단순히 과거를 반성하는 게 아니라, 앞으로 만들어 나갈 새로운 습관을 형성하는 게 중요하다는 것을요. 꿈이 이루어졌습니다. 작은 시도가 쌓여 맞벌이 부부 조기 은퇴라는 성과를 만들어 냈습니다.

앞서간 사람들에게 배울 귀중한 기회가 있었습니다. 먼저 시작해서 성공한 사람들의 찐 경험과 후기는 저에게 큰 용기를 주었어요. 앞으로 나아갈 방향에 대해 제가 조언받는 기분이 들었거든요. 매일 작은 습관을 공유하니 서로에게 긍정적인 효과로 다가왔습니다. 함께 의지하며 전진해 나갈 수 있었습니다.

직장에서는 저보다 10년 이상 나이 많은 선배의 조언을 피드포워드로 귀담아들었습니다. "네가 원하는 목표를 이루기 위해서는 윈-윈이 중요해. 상대방이 원하는 걸 맞춰 주면서 네가 원하는 걸 얻기 위한 방법을 찾아야 해." 호텔 리셉션에서 숙소를 불가피하게 취소해야 했으나 호텔 측은 취소가 어렵다고 한 적 있었습니다. 하지만 선배가 나서서 호텔 측에 유리한 면을 제시하니 수수료 없이 취소 받을 수 있었죠. 그 조언은 제 인생의 원칙에 포함되었습니다. 윈-윈 스토리는 저의 시야를 넓혀주었고, 새로운 기회를 열어주었거든요. 항상 상대방과 내가 더 나은 결과를 얻을 방법에 대해 고민하는 습관이 생겼습니다. 당신이 얻고 싶은 목표가 있다면, 지금 당장 손해같이 보일지라도 장기적으로 봤을 땐 유리할 때가 있습니다.

피드포워드는 단순히 혼자 성장하는 것에서 끝나지 않습니다. 다른 사람들을 돕는 힘이죠. 제가 받은 조언을 바탕으로 다른 사람들에게도 조언해 줄 수 있으니까요. 이렇게 글을 쓰면 독자에게까지 조언 글로 보여줄 수도 있습니다. 피드포워드는 삶을 긍정적으로 변화시킬 수 있는 강력한 도구입니다. 당신은 진심으로 당신의 성장을 바라는 사람들에게 조언받아야 합니다. 앞서간 사람들에게 배울 수 있죠.

어느 날, 직장에 다니고 있던 지인 L이 저에게 조언을 구했습니다. "이 작가님, 요즘 직장에서 희망퇴직에 관해 이야기가 나와서 고민하고 있어요. 어떻게 해야 할지 모르겠어요." 지인에게 피드포워드를 제공해야겠다는 생각이 들었습니다. 일단 버텨보라고 말했습니다. 퇴사 후에 할 수 있는 일이 뭔지 정한 후 퇴직을 고민해야 합니다. 인간관계가 불편해질 수 있겠지만, 모르면 주변 사람에게 도움을 청합니다. 퇴직 후에 스스로 뭔가 하기 위해 작은 목표부터 세워보는 게 좋겠다고 이야기했습니다. 그 목표를 하나씩 이루어서 나가며 준비해 나갈 수 있습니다. 지인 L은 제 조언을 참고하여, 몇 주 후 권고사직 대신 일반직으로 계속 일하고 있습니다. 몇 달 후, 그에게 감사 인사를 받았습니다. 조언 덕분에 뭔가 배우고 대비할 수 있었다고 말이죠. 저는 지인 L의 미래에 더 나은 결과를 진심으로 바라면서, 피드포워드했습니다.

습관은 시스템이다

피드포워드하는 습관을 갖기 위한 세 가지 조언을 드리면, 다음과 같습니다.

첫째, 미래를 대비하며 자기에게 맞는 구체적인 습관을 만듭니다. 즉, 한 번만 하고 끝내는 게 아니라, 한 시간, 백 시간, 일만 시간을 쌓아 나가려면 어떻게 해야 할지 질문해 나가는 일입니다. 예를 들면, 나이 들어도 아프지 않아야 하니까 지금부터 건강한 체력을 유지하는 방법은 뭐가 있을까? 노후에 편하게 살아야 하니까 지금부터 여유롭게 준비하려면 경제 경영서를 한 달에 한 권만 읽어 보자 같은 습관입니다.

둘째, 긍정적으로 받아들이고, 미래 지향적인 언어로 말하는 습관입니다. 선배나 가족이 하는 조언을 들으면 상처를 받을 때가 있습니다. 부정적인 의견처럼 들리는 순간 스스로 긍정적인 언어로 재해석하면 됩니다. "나는 지금도 정말 훌륭해. 다음에는 이런 점을 더 강화해봐야겠어!" "나는 내가 제일 잘 알아. 이걸 해내면 더 좋은 성과를 얻을 수 있을 거야." "그럴 수 있지! 하지만 이 조언은 도움 될 거야!"

셋째, 정기적이고 지속적인 피드포워드 습관입니다. 매주 또는 매월 정기적으로 현재 자기 모습을 제 3의 인물인 관찰자로 바라보며 개선할 점을 찾는 일입니다. "이번 주, 이번 달에는 어떤 점을 더 개선할까?"

세 가지 방법으로도 성장을 도모하고, 더 나은 습관 시스템을 꾸준히 이어나갑니다. 동기부여 전문가 브라이언 트레이시가 이렇게 말했습니다. "미래는 유능한 자의 것입니다. 잘하고, 더 잘하고, 최고가 되십시오!"앞으로의 가능성에 집중하고, 긍정적인 피드포워드로 당신의 유능함을 증명하며 살아가면 좋겠습니다.

8

너, 믿어 볼게

자신이 진정으로 원하는 것이 무엇인지 모를 때가 있습니다. 시작하지 못하고 망설이는 경우가 많습니다. 그럴 때, 다른 전문가들의 의견에 귀를 기울이는 경우가 많죠. 모르니 두렵습니다. 전문가의 말을 믿기 시작하다가 어느 순간 휘둘리는 일도 있고요. 저 역시 처음엔 무엇을 원하는지 몰라 혼란스러웠던 적이 있습니다. 특히 처음 배우는 챗GPT를 주제로 공부할 때 무엇부터 시작해야 할지 몰라 어려웠습니다. 2022년 11월에 챗GPT가 처음 출시되자 서점가에 관련 책들이 쏟아져 나왔어요. 어떤 책을 골라야 할지 몰라 시간이 부족해 다 읽어볼 수도 없었죠. 서점에 갈 때마다 챗GPT 관련 책 제목만 훑어보았습니다.

2024년 평단지기 독서 열세 번째 책으로 인공지능 시대의 자기계발법에 대한 권정민 교수의 《챗 GPT로 레벨업》을 골랐습니다. 업무뿐 아니라 자기계발과 인생 목표 성취를 위해 챗GPT를 사용하고 싶었거든요. 바로 전에 송수용의 《챗GPT 사용설명서 버전업 2024》를 통해 기본기를 먼저 익혔습니다. 스터디 그룹을 만들어 약 3주간 함께 공부하자며 사람들을 모았습니다. 작은 목표부터 설정하고, 하루에 10분씩 챗GPT의 기본 개념을 익혀나갔죠. 2024년 5월 13일, 챗GPT-4o가 출시되면서 주변의 변화에 대해 두려움을 느꼈습니다. 챗GPT를 공부해 본 적이 없기 때문이었죠. 신간 중에 최신 버전의 내용을 반영한 책을 찾아봤습니다. 교보문고에서 《챗GPT 사용설명서 버전업 2024》를 발견하고, 저자를 살펴보니 《오스트랄로GPT쿠스》라는 책을 쓴 저자였습니다. 《오스트랄로GPT쿠스》는 교보문고에서 제목이 신선해서 펼쳐 본 적 있었거든요. 일부터 연애까지 슬기로운 AI 생활을 주제로 MZ세대의 일상을 그린 책입니다. 인공지능의 도움을 받아 데이트하고, 과제하고, 파티 준비하고, 캠핑 계획을 짜고, 외국 여행까지 하는 내용입니다. 데이트 코스까지 AI로 짠다니 신기해서 찜해 둔 책이었죠.

챗GPT 책을 읽기 시작한 지 10일 차였습니다. 그동안 교보문고 강남점, 잠실점, 영풍문고 코엑스점 등 여러 서점을 다녀왔습니다. 밀리의 서재에서도 챗GPT 관련 책들을 찾아보았습니다. 신간뿐 아니라 다양한 책 분야가 너무 많았습니다. 책만 다 읽는다고 전문가가 되는 건 아니에요. 무언가 시작할 때는 기본기를 익히고, 원하는 목적에 맞게 다양한 프롬프트 사례를 실습하며 자신에게 맞춰 나가는 과정이 필요합니다. 직접 궁금한 것을 질문하고 대화하며 원하는 답을 얻을 때까지 지속하는 거죠.

챗GPT도 배우는 목적이 필요합니다. 챗GPT 전문가로 강의할 수도 있습니다. 영어 공부도 할 수 있어요. 논문 쓰는 도구로도 활용할 수 있죠. 데이터 분석 기법을 통해 주식이나 부동산 데이터를 분석하기도 합니다. 글쓰기도 가능하며, 자신이 쓴 글에 대해 논리적 구성이나 보충할 내용을 조언받기도 할 수 있습니다. 요리 전문가로 레시피를 활용할 수도 있습니다. 여행 전문가로 일정과 코스, 숙소도 추천받을 수 있고요. 노래를 만들거나, 마케팅 도구나 아이디어 도출, 이벤트 기획에도 사용할 수 있습니다. 브레인스토밍으로 아이디어를 얻거나, 채용 정보로 활용하거나, 이미지 또는 영상 자료를 얻는 등 다양한 목적 중에서 자신에게 필요한 것을 찾아볼 수 있어요. 처음부터 활용법만 배운다면 응용이 어렵기에, 시작할 때는 기본기에 초점을 맞춰야 합니다. 기본 과정에 숙달하면, 자신에게 맞게 응용해서 챗GPT 활용 단계까지 나갈 수 있습니다.

여러 사람과 모두 좋은 관계를 유지하려면 시간, 돈, 체력 모두 많이 필요합니다. 인간관계가 멀어질까 봐 두려워서 정작 자신을 잃어버리는 경우가 있습니다. 번아웃이 오는 거죠. 감정적으로 움직일 때 그런 경우가 많았어요. 어떤 일이든 두려움을 내려놓고 자기를 중심으로 추진해야 번아웃 없이 지속할 수 있습니다. 기본을 놓친 채 여기저기 발을 들여놓는 순간 원하는 성과를 제대로 얻지 못하고 두려움과 실망이 몰려옵니다.

기본을 지키는 사소한 습관이 내면을 단단하게 만들어 줍니다. 흔들리지 않는 기준과 원칙이 되어 주죠.

자기 자신에게 집중하고, 스스로 정한 목표가 있다면 뭐든 달라집니다. 저 또한 마흔 전의 독서하기 전의 삶과 마흔 후의 독서하는 삶으로 바뀌었죠. 스스로 정한 퇴직이라는 선명한 목표가 있었기 때문입니다. '남의 기준'이 아니라 '나의 기준'에 집중할 때 자기 신뢰에 대한 확신이 생겼습니다.

《달과 6펜스》를 쓴 서머싯 몸은 의학을 전공하였으나 문학으로 전향해 작가로 성공하고 싶어 했습니다. 《데일 카네기의 인생 경영론》에 따르면, 서머싯 몸은 장차 20만 파운드(한화 약 3억 4천8백만 원)를 벌게 될 그였지만, 받고 단편과 장편 소설을 쓰며 11년 동안 매년 백 파운드(한화 17만 4천원) 정도 벌었다고 합니다. 자기 재능을 믿고 끈질기게 글을 썼고, 결국 유명해졌습니다. 그가 남긴 말입니다.

"내가 먼저 나를 믿어야 한다."

자신에 대한 부정적인 신뢰는 성공을 위협합니다. 목표를 위해 꾸준히 도전하려면 자기 신뢰가 먼저입니다. 자신이 진정으로 원하는 게 무엇인지 고민부터 시작됩니다. 오래 해야 잘하고, 잘하면 오래 할 수 있습니다. 당신은 슈퍼맨입니다. 매일 시간 내어 할 수 있는 아주 작은 습관이 나를 움직이게 하는 에너지의 원동력입니다. 언제 어디서나 '짠'나타나 도전할 용기를 가진 슈퍼맨. 평단지기 독서로 누적해 온 시간이 바로 슈퍼맨처럼 자기 신뢰로 이어져 왔습니다. 당신의 생각과 감정은 독서와 글쓰기를 통해 기록하고 축적해 나갈 수 있습니다. 습관의 목적을 명확히 하고, 독서에 대한 본질, 기본기인 생각과 행동에 집중합니다. 그다음 원하는 목적에 맞게 응용하고, 활용하는 과정에서 진정한 성취감을 얻습니다. 두려움에 여기저기 발을 들여놓는 대신, 자신을 중심으로 한 가지를 꾸준하게 추진하는 게 필요한 시기입니다. 그러면 다른 것에 휘둘리지 않고, 원하는 성과를 얻는 시간을 마주하게 될 겁니다.

9

뭐, 어때! 다시

어느 날, 올림픽 공원에 산책하다 보니 자판기가 눈에 들어옵니다. 30대 연인으로 보이는 남녀가 자판기 앞에 서서 어떤 걸 뽑을지 고민하고 있었습니다. 스프라이트, 콜라, 물, 코코팜, 갈아만든 배, 쌕쌕 등 다양한 음료가 자판기 안에 놓여 있었죠. 내가 해보고 싶은 일들도 이 자판기 음료수처럼 다양하게 고를 수 있으면 좋겠다는 생각이 들었습니다. 다른 사람들이 어떤 조언을 하더라도, 결국 선택은 내 입맛에 맞아야 하잖아요.

도전에 앞서 두려움을 느낀 적이 많습니다. "실패하면 어쩌지?", "다른 사람들이 뭐라고 하는 것 아닐까?"라는 생각이 머리를 떠나지 않죠. 예를 들어, 직장에서 새로운 프로젝트를 맡았을 때, 처음 업무를 나눠 준 방법이 실패로 끝나버린 적이 있습니다. 동료들이 '이 업무를 왜 나한테 주지?'라는 반응을 보였죠. 그때 느꼈던 그 좌절감은 다시 기억하고 싶지 않은 순간입니다. 그 일 이후 분위기가 쉽게 말을 걸 수 없었습니다. 사소한 업무조차 물어보기가 꺼려졌거든요. '왜 메일을 보냈지?'라는 후회와 '나는 리더 될 자격이 없어'라는 생각이 머릿속을 가득 채웠습니다. 하지만 이렇게 망설이기만 하다 보면 자신이 진정으로 원하는 것을 찾는 기회를 놓칠 수 있습니다. 이럴 때 우리는 자판기 음료수를 고르듯, 시도하고 실패해도 괜찮다는 마음가짐을 가질 필요가 있습니다. 실패는 앞으로 더 좋아지는 기회입니다. 회복탄력성에서 실패와 좌절은 성공의 필수 조건이라고 했거든요.

초고를 쓸 때 무슨 내용을 써야 할지 고민만 하다가는 한 줄도 쓰기가 어렵습니다. 너무 잘 쓰려고 하기 때문인데요. '뭐 어때! 퇴고하면 되지!'라는 생각하고 나니 분량 채우기가 수월했습니다. 글쓰기 선생님은 초고에 영 적을 게 없을 땐, '애국가'라도 적어보라고 할 정도입니다. 초고는 생각나는 대로 마구 휘갈기는 거라고요. 작가에겐 '퇴고'가 있어서 초고는 '뭐, 어때! 다시' 마음으로 시작할 수 있었습니다. 일단 그냥 쓰는 게 중요하니까요.

수브레인 출판사 유지윤 대표의 특강을 우연히 듣게 되었습니다. 50대 전업주부에서 치매 걱정을 하는 친정엄마를 위해 직접 뇌 건강을 위한 컬러링 북을 만든 대표입니다. 그녀는 컴퓨터를 잘 다룰 줄 몰라 파워포인트 작업을 못하고 스케치북에 자료를 글로 써서 발표하던 사람이었다고 해요. 아이 캠프 사진을 올려야 하는데 스캔할 줄 몰랐답니다. 결국 캠프도 못 보내셨고요. 그런 IT 초보자에서 책을 쓰고, 출판업까지 등록하여 교보문고에 입점까지 할 수 있었다고 합니다. 책의 주민등록증 같은 ISBN 코드 없이 책을 만들어 팔다가 출판사를 차렸습니다. ISBN 발급 성공을 끌어낸 뒤 책을 교보문고에 전시할 기회를 얻으셨대요. 모르면 물어보고 요청하라는 메시지가 기억에 남습니다. 강의 중에 소개해 준 아이패드 드로잉 작가 여유재순(@yeoyujaesun) 할머니에 관한 이야기입니다. 할머니는 컴퓨터 켜는 법도 몰랐는데 90세 테블릿 그림 작가가 되셨다고 해요. 여유재순이라는 필명은 인스타그램 최초 가입 당시 성(姓)을 적는 난에 자신의 성(性)인 '여(女)'를 적고, 이름 칸에 '유재순'을 넣어 실수로 만들어진 필명이랍니다. 2020년 10월부터 2024년 11월 11일 기준으로 올린 그림은 1495점이고, 팔로워가 7.9만 명이었습니다. 이들이 '뭐 어때?'가 아니라 주변 사람들의 말을 듣고 너무 늦었다거나 '네가 무슨?'이라는 말을 건넸다면 지속할 수 있었을까요? '뭐, 어때! 다시!' 하는 마음으로 시작했을까요?

챗GPT-4o가 출시됐습니다. 무료 버전을 쓰다가 제대로 공부하자는 생각으로 한 달 동안 유료 버전을 써보기로 했죠. 예를 들어, 29달러 요금제로 설정하고 질문을 해봤습니다. 무료와 유로 버전의 대답이 다르게 나오더라고요. 제대로 사용하는 방법을 몰랐습니다. 써보다가 '다시 취소하지 뭐'라는 마음으로 시작했는데, 나오는 답변을 보니 무료 버전과 유료 버전의 대답 수준이 차이가 나서 유료 버전에 더 신뢰가 갔습니다. 결과물을 보니 유료 버전을 계속 써야겠다고 생각하게 됐죠. 송준용 작가의 《챗GPT 사용 설명서 버전업 2024》를 읽으면서 어렵고 힘들었지만, 꾸준히 실습하다 보니 점점 원하는 결과

습관은 시스템이다

물을 얻을 수 있었습니다. 자신감이 생기기 시작했어요. 처음 챗GPT에 질문을 할 때는 정확한 질문을 하기 어려웠습니다. 챗GPT 기계니까 '뭐 어때!'라며 다시 검색하면 된다고 생각했죠. '강력한 신념이란 무엇이냐'는 질문을 던져봤습니다. 무료 버전에서도 물어보니 네 줄로 나와서 설명이 부족해 보였습니다. 챗GPT의 핵심은 재탐색과 프롬프트 생성기법에 따라 다른 결과를 보여주거든요. 유료 버전에서도 같은 질문을 해보니, 사례부터 신념을 키우는 방법 세 가지, 신념의 중요성과 글쓰기에서 신념, 결론까지 모든 면에서 체계적인 결과를 보여주었습니다.

이처럼 실패는 창피한 게 아니라, 앞으로 나아갈 수 있는 발판입니다. 시작해 봐야 내가 무엇을 잘하는지, 어떤 건 부족한지 통계로 확인할 수 있습니다. 사람들의 반응 통계를 분석하면서 어떤 점을 개선하면 좋은지 찾아가는 과정이죠

자판기 앞에서 음료를 골라본 경험을 떠올려 보세요. 처음에는 무슨 음료가 나올지 몰라 망설이지만, 하나를 선택해 맛보면서 자신이 좋아하는 음료를 알게 되죠. 인생도 마찬가지입니다. 다양한 도전을 통해 자신이 진정으로 잘할 수 있는 것을 찾아내는 과정이 필요합니다.

이루고 싶은 것을 직접 눈으로 확인하며 시각적으로 쌓아가는 경험을 해보세요. 내가 어떤 일을 잘할 수 있는지 알아보기 위해서는 다양한 도전이 필요합니다. 실패하면 어때요. 다시 하면 됩니다. 중요한 것

은 실패를 통해 배우고, 다시 도전하는 일이니까요.

비슷한 환경에서 성공한 사람들의 사례를 찾아보세요. 자기계발서를 읽어 보면 저자의 인생은 완전히 변했습니다. 그리고 무엇보다 중요한 것은 자신에게 맞는 목표를 설정하고, 그것을 향해 꾸준히 나아가는 거죠. 내가 좋아하는 일을 찾고, 그 일을 통해 성장하는 과정을 즐기면 됩니다. 실패를 두려워하지 말고, 자신의 길을 찾아가는 용기를 가지면 충분합니다.

'뭐, 어때!' 다시 도전해 봅니다. 저와 남편의 차이점 하나를 남편에게 알려주었습니다. 그건 바로 '뭐 어때! 다시'라는 마음이더군요. 저는 다시 하면 된다는 걸 받아들입니다. 쉽게 도전합니다. 덕분에 실패를 두려워하지 않습니다. 자신의 길을 찾아 나가는 용기를 가지고 있습니다.

책을 읽거나 강의를 듣고 싶지만, 각양각색 자판기 음료수 같습니다. 어떤 걸 골라야 할지 모르겠죠. 인생은 자판기 음료수처럼, 다양한 맛을 시도해 보는 재미있는 여정입니다. 오늘 하나 음료수 고르듯 골라 시도해 보고, 아니다 싶으면 버리고, 새로운 도전을 이어가면 됩니다. 내일의 새로운 자신을 발견해 나가는 날이니까요. 자판기 음료수를 모두 뽑아서 한 번에 마실 수 없습니다. 삶의 도전도 한꺼번에 시작하면 포기하는 경우가 많죠. 한 가지만 딱 골라야 합니다. 넬슨 만델라의 말로 마무리합니다. "할 때까지는 항상 불가능해 보인다."

습관은 시스템이다

10

작심삼일을 넘어서,
오래가는 것의 비밀

2016년, 저는 하루 평균 잠을 여섯 시간 사십팔 분 잤습니다. "잠을 줄일 수 없다!"라는 신념을 갖고 있었거든요. 직장인과 가정주부로서의 하루를 보내느라 삶의 피로와 싸우며 보냈습니다. 하지만 진짜 원하는 것을 찾는 순간, 그 신념을 깨뜨릴 수 있었어요. 아침에 일어나 가장 먼저 독서하고 글을 쓰며, 조기 은퇴라는 목표를 위해 저만의 평단지기 독서 습관 시스템을 구축하게 되었습니다. 이 시스템이 바로 제 삶을 변화시켰죠.

처음에는 저도 '작심삼일'이라는 프레임에 갇혀 있었습니다. 여러 번 시도했지만 실패하고, 쉽게 포기하곤 했습니다. 한 번도 미라클 모닝이라는 새벽 기상을 시도해 본 적 없이 저는 원래 못하는 사람이라고 정의했었죠.

그러던 어느 날, 처음 인생 목표라는 걸 세웠습니다. 매일 꾸준히 독서하고 글을 쓰는 습관을 지녀본 적 없는 저에게는 꽤 벅찬 일이었습니다. 아파도, 힘들어도, 출장을 가도, 여행을 가도, 갑작스러운 이벤트가 생기는 현실에서 꾸준히 한다는 것은 말처럼 쉽지 않았죠. 하지만 저는 내 마음대로 시간을 쓸 수 없는 직장생활이라는 현실을 벗고 새로운 삶을 살고 싶었습니다.

조기 은퇴라는 목표가 생긴 순간부터, 저는 진짜 원하는 것이 무엇인지 깨달았습니다. 그 목표를 위해 잠을 줄일 수 있다는 생각이 들었어요. 2016년부터 2018년까지, 저는 평균 수면 시간을 여섯 시간 사십팔 분에서 네 시간 사십팔 분으로 줄였습니다. 이는 절대 쉽지 않은 일이었죠. 잠을 줄이는 것만이 능사가 아니라, 그 시간을 어떻게 효과적으로 사용할 수 있느냐가 중요합니다. 저는 《평단지기 독서법》으로 하나씩 배우고 익히는 실용 독서를 통해 그 시간을 채우기로 마음먹었습니다.

2016년에는 매일 아침 여섯 시 사십 분에 일어났어요. 여섯 시간 이상 수면 원칙을 195일 동안 달성했습니다. 직장에 다닐 때입니다. 2017년부터 목표를 세운 후 잠을 줄이고 시간을 만들기 시작했어요. 2017년에는 하루 평균 다섯 시간 십일분. 하루 십 분씩 일주일 단위로 잠을 줄이기 시작했어요. 뇌를 조금씩 속이면서요. 십 분 잠을 줄이는 건 뇌를 다독이며 설득하는 시간이라 생각했어요. 일주일 정도 지나니 잠을 십 분 줄여도 괜찮다 싶었습니다. 그렇게 두 달 동안 잠을 줄이는 연습을 하고 나서야 저만의 시간이 만들어졌죠. 그렇게 하루 10

습관은 시스템이다

분 평단지기 독서법이 시작되었습니다. 2017년 4월 17일부터죠. 지금까지 계속 이어오고 있고요. 하루도 빠짐없이 일어나 책 읽고, 생각을 글로 적고, 한 가지씩 배우겠다는 목표를 갖고 있습니다. 처음에는 너무 피곤해서 포기하고 싶을 때가 당연히 있었습니다. 제 몸이 조금씩 새로운 리듬에 적응하기 시작했습니다. 피로감은 점차 줄어들었어요. 독서와 글쓰기는 제 삶의 중요한 일부가 되었습니다. 그동안의 한계는 스스로 정한 신념이었다는 걸 깨달았습니다. 2018년에는 일 평균 네 시간 사십팔 분 잠을 잤습니다. 6시간 이상 잠을 잔 날은 61일 정도입니다. 피곤할 때는 몰아서 잠을 자는 날도 있습니다. 몸에서 보낸 신호니까요.

이제 저는 '작심삼일'이라는 프레임을 벗어났습니다. 매일 꾸준히 독서하고 글을 쓰는 습관은 저에게 큰 성취감을 주었고, 조기 은퇴라는 목표를 향해 한 걸음 더 나아갈 수 있게 해주고 있어요. 저는 더 이상 "나는 작심삼일 하는 사람이다"라는 신념에 갇혀 있지 않아요. 대신 "나는 꾸준한 사람이다"라는 새로운 신념을 가져보기로 했습니다. 이 신념은 저를 더욱 강하게 만들어 가고 있습니다. 뭐든 하면 된다는 걸 믿고 있으니까요.

습관 시스템을 처음부터 완벽하게 만들겠다고 하는 것은 사실 불가능합니다. 하지만 작은 습관 하나하나가 모여 큰 변화를 만들 수 있죠. 시간이 지나면서 다시 업그레이드될 수도 있고, 나이가 들면서 조금씩 여유를 가져볼 수도 있습니다. 진짜 원하는 게 무엇인지 생각해

본 적 있으세요? 그리고 그것을 위해 작은 습관을 시작해 본 적 있나요? 중간에 포기한 이유에 대해서 생각해 보셨나요? 목표를 생각했을 때 혹시 설 나요? 진짜 원하는 게 아니었던 건 아니에요? 내가 진짜 원하는 건, 포기 못 하죠. 어린아이들조차 자신이 원하는 걸 얻기 위해 부모님들에게 재롱을 피울 때가 있습니다. 아파도, 힘들어도 하고 싶은 걸 찾으시길 바랍니다. 그것만 있으면, 오늘 조금! 일부라도! 구메구메 쌓아가면 어느새 원하는 것을 이루고 있는 자신을 발견하게 될 겁니다.

앞으로도 저는 꿈을 향한 습관 시스템을 키워나갈 예정입니다. 부자들이 돈을 끌어모으는 비결은 바로 시스템을 구축한다는 겁니다. 전업투자자이자 사업가인 김종봉 대표, 제갈현열 작가의 《돈은, 너로부터다》에는 '시스템'을 다음과 같이 설명합니다. 백만 원 정도의 수익이 나오는 편의점이 있다고 가정할 때, 하나가 아니라 서른 개를 운영합니다. 그리고 그 편의점을 관리하는 총괄 매니저를 둡니다. 월 삼천만 원의 이익을 사장이 가져가는 구조입니다. 우리가 쌓아가는 습관이 바로 시스템입이죠. 평범한 습관은 는 중입니다 진짜 원하는 이유에서부터 시작할수록 확장하기 쉽습니다. 우리의 목표는 성실함과 꾸준한 습관 시스템을 구축해 유지하는 것입니다. 습관이 시스템입니다. 목표가 시스템입니다. 진짜 원하는 건 습관 시스템으로 얻을 수 있으니까요. 아직 찾지 못해도 괜찮습니다. 지금부터 알아가면 됩니다. 습관이 처음이라면 독서 습관부터 제안하고 싶습니다. 독서를 통해 매일 꾸준히 독서하고 생각을 기록하면요, 분명 당신이 원하는 큰 성취를 이루는 데 도움이 될 겁니다. 2800일 겪어보니 알겠더라고요. 시간이 없다고, 귀찮다고 아직 미루고 있나요? 설레이는 진짜 원하는 목표를 찾으면 생각하는 시간조차 아깝다는 생각이 들게 됩니다. 스스로 시간을 만들어 내게 됩니다.

오늘은 새로 시작하는 하루입니다. 어제는 버리세요. 내일은 미루세요. 오늘이 전부입니다. 작심삼일을 넘어서 오래가는 것들의 비밀은 바로 오늘 하루만 바라보는 습관 시스템입니다.

마치는 글

당신은 꾸준한 사람입니다.

"사이드카 발동! 코스피 -8.77%, 코스닥 -11.3%"

초고를 마무리하던 날, 2000년 이후 가장 주식 시장에 낙폭이 컸던 하루였습니다. 미국 S&P500 주가지수는 1.84% 하락했죠. 자산의 6% 정도가 주식이라 불안할 만한데도, 지난 8년간 독서로 마음을 다스려 온 습관 덕분인지, 이런 알람에도 신기하게 불안한 마음이 없었습니다. 하루에 몇백 원, 몇천 원 떨어져도 '팔아야 하나?' '사야 하나?' 아무 기준 없이 주식 가격만 본 적이 있었으니까요. 이젠 투자 습관을 장기간으로 바라볼 수 있게 되고, 2022년 미국 주식 하락장을 견디고 버티고 나니 덤덤해졌다고 할까요. 아마 10년, 20년 이상 투자하면 또 다른 하락장도 만나게 될 겁니다. 인생 투자를 시작한 지 8년 정도 지났습니다. 하루 10분 평단지기 독서하는 습관, 생각을 글로 쓰는 습관, SNS에서 배우는 습관, 검색하는 습관, 인증샷 남기는 습관, SNS로 생각을 공유하는 습관, 지금의 삶을 즐기고 있는지 확인하는 습관이 생겼습니다.

회사 다니면서, 첫 책 《평단지기 독서법》 초고를 쓸 때는 새벽 4시에 일어났습니다. 퇴사 후에는 새벽 한 시에 자는 습관이 생겼습니다. 이 책을 쓰는 동안에는 아침 7시에 일어날 때도 있었습니다. 새벽에 혼자만의 조용한 시간이 부족해지니, 할 일이 미뤄집니다. 하루가 바쁘다는 생각이 드는 날도 있습니다. 계획한 일들을 계속 미루는 날에는 죄책감도 들었고요. 초고를 마무리하기 일주일 전, 다시 결심을 시작합니다. 일찍 자는 걸로요. 월요일부터 여섯 시 기상을 시작했습니다. 어젯밤부터 자정을 넘기니 졸립니다. 오늘도 여섯 시에 눈을 떴습니다. 며칠 더 익숙해지면 다시 다섯 시 이십오 분, 저만의 생체시계가 제대로 작동할 듯합니다. 저는 꾸준한 사람이니까요. 결국 해낼 거니까요. 며칠 지나다 보면, 또 처음으로 되돌아가는 날도 있겠지요. 뭐 어때요? P턴 하면 됩니다. 하고 싶은 일, 원하는 게 있으면 그냥 가 봐야지요. 꾸준히 하려면, 처음부터 꾸준히 하고 싶은 것을 한 가지를 명확하게 정해야 합니다. 저는 오직 10분 독서였습니다.

습관을 시스템으로 만드는 열다섯 가지 P턴 챌린지는 남편과 드라이브하다가 우연히 아이디어가 떠올랐습니다. 남산타워에 갔다가 집으로 오는 길이었죠. 서울역 앞에서 좌회전해야 했습니다. 좌회전 차선에 끼어들지 못했습니다. 가장 우측 차선에서 신호 대기하고 있었거든요. 직진할 수밖에 없는 상황이었습니다. 내비게이션은 새로운 길을 알려줍니다. P턴 하라고. 목적지를 향해 직진하다가 잘못 들어간 길이라도 P턴 하면 원하는 방향으로 되돌아갈 수 있었습니다. 우리 인생도 마찬가지라는 생각이 들었습니다.

평단지기 독서클럽으로 이어진 독서 회원들이 있습니다. 독서를 조금씩 나눠 읽은 경험이 없다고 했습니다. 독서는 한 권을 통째로 읽어야 한다고 생각하며 어려운 일이라고 여겼던 거죠. 하루 10분 독서라면 해볼 만하겠다고 합류했습니다. 회원에게 작은 변화가 시작됐습니다. 욕심내지 않고 하루 딱 10분만 읽기를 제안했습니다. 몇 달 후 그들은 자기 삶에도 조금씩 책이 스며들고 있다고 말했습니다. 작은 독서 습관이 그들의 인생을 바꿨습니다. 저도 포함해서요.

제가 아는 주변에 성공한 사람들은 뭐라도 한가지 꾸준히 해내고 있었습니다. 우린 늘 바쁘다는 말을 입에 달고 삽니다. 하지만 그 속에서도 내 미래를 위한 작은 시간을 내고, 작은 습관을 만들어 가는 게 얼마나 중요한지 전하고 싶었습니다. 이 책을 통해 당신의 P턴 챌린지로 매일 조금씩 더 나아지는 자신을 만나게 될 겁니다.

초고를 쓰면서 헬스를 다시 시작했습니다. 헬스장에 가니 기기마다 'PROGRAM'이란 버튼이 있었습니다. 맞춤 설정 기능입니다. 당신의 습관 프로그램을 설정하면 당신의 P턴 챌린지 시스템이 시작합니다. 러닝 머신 위에서 런데이 앱을 켰습니다. 런데이 코치는 계속 이런 말을 반복했습니다. "당신도 할 수 있습니다! 절반이 넘었습니다! 이제 30초 남았습니다!"라고 말이죠. 달리기는 못하는 사람으로 정의했던 제가 할 수 있다고 생각을 바꿨습니다. 걷기 시작했습니다. 3분을 뛰기 시작했습니다. 두 달 만에 처음 10분 연속으로 2회 나눠서 달렸습니다. 할 수 있습니다!

마흔 전후로 제 삶의 가장 큰 변화는 습관을 시스템으로 만드는 일이었습니다. 그게 꾸준함이었죠. 어떤 성공도 하루아침에 이루어지지 않는다는 사실을 인정했습니다. 약한 체력도 받아들였습니다. 이걸 받아들이자, 열정에 불타오르지 않고, 속도를 유지할 수 있습니다. 우리는 멈추거나 빨라지지 않고, 지속할 수 있는 에너지를 유지해야 합니다. 오늘 해야 할 일만 하면 됩니다. 멋진 성공을 아침에 미리 기록합니다. 잠들기 전까지 반드시 할 거니까요. 오늘을 모으니, 일주일입니다. 일주일 모으니 한 달입니다. 한 달 모으니 일 년입니다. 이제 8년 차네요. 오늘 습관이 내일 습관입니다. 내일 습관이 모레 습관입니다. 습관 시스템은 플레이그라운드, 즉 나만의 놀이터에서 유지하면 됩니다. 습관 시스템 운영 초보자에서 습관 시스템 운영 마스터가 될 때까지 당신의 놀이터에서 신나게 즐겨보시길 바랍니다.

꾸준히 8년째 신문 기사를 공유해 주는 대기업 직장인 투자자 M님이 있습니다. 하루는 물어봤죠. 어떻게 수십 개의 뉴스 기사와 블로그 글을 정리해서 매일 공유해 줄 수 있냐고요. 이런 답이 돌아왔어요.

"취미로 합니다."

확신합니다. 나만의 P턴 챌린지 습관 시스템만 있으면 남다른 기회들이 옵니다. 꾸준함은 타고나는 게 아니라, 지속하는 일입니다. 해야 하나 묻지 않습니다. 그냥 해봅니다. 띄엄띄엄하면 힘이 들지만, 매일 하니 쉬워졌습니다. 꾸준히 옆에서 글을 쓰게 만드는 배우자와 작가는 독자를 돕는 일이라는 걸 반복하여 알려주는 자이언트 북 컨설팅 이은대 대표님께 감사드립니다. 오프라인/온라인 두 개의 세상에서 시절인연으로 만나게 된 당신에게 더욱 감사합니다.

당신은 애초부터 꾸준한 사람이었습니다. 보이지 않는 믿음을 신뢰하고 반복하다 보면, 당신의 뇌가 반응할 것입니다. 그 꾸준함이 점차 당신의 삶 속에 자리잡게 될거에요. 꾸준함과 꾸준하지 않은 사람, 당신은 어떤 길을 선택하고 싶나요? 선택의 기회는 언제나 당신에게 있습니다. 꾸준한 사람은 대단하거나 특별한 사람이 아니라, 오늘 쪼금 쪼금 무언가 하는 습관 시스템을 가진 사람이었습니다. 당신의 꾸준함은 남다른 당신의 성공이 기회를 가져옵니다. 언젠가 주변 사람들이 당신에게 어떻게 성공했냐고 물어올 겁니다. 그 때 당신도 이런 대답이 툭 튀어나올 거예요.

"그냥, 했어요."

작은 습관 시스템이 일상에 스며들 때, 당신에게 기대 이상의 성취와 행복이 찾아옵니다.

"나는 대단한 일을 하고 있어, 나는 너무 행복해!"

– 마술사 하워드 서스턴

습관은 시스템이다